EDUCAÇÃO PARA SURDOS:
POSSIBILIDADES E DESAFIOS

Dayse Garcia Miranda
Luciana Freitas
(organizadoras)

EDUCAÇÃO PARA SURDOS:
POSSIBILIDADES E DESAFIOS

MAZZA
edições

EDUCAÇÃO PARA SURDOS: POSSIBILIDADES E DESAFIOS

Capa
Túlio Oliveira

Revisão
Bruno D'Abruzzo

Projeto gráfico e diagramação
Anderson Luizes

Tradução dos resumos em Libras
Guilherme Lourenço

E24 Educação de surdos: possibilidades e desafios / organizado por Dayse Garcia Miranda, Luciana Freitas. - Belo Horizonte : Mazza Edições, 2019.

192 p. ; 16cm x 23cm. – (Coleção Pensar a Educação Pensar o Brasil)

Inclui bibliografia.
ISBN: 978-85-7160-726-2

1. Educação. 2. Educação de surdos. 3. Surdez. 4. Libras. I. Miranda, Dayse Garcia. II. Freitas, Luciana Aparecida Guimarães. III. Título. IV. Série.

CDD 371.912
2019-1432 CDU 376.33

Elaborado por Vagner Rodolfo da Silva - CRB-8/9410
Índice para catálogo sistemático:
Educação de surdos 371.912
Educação de surdos 376.33

MAZZA EDIÇÕES LTDA.
Rua Bragança, 101 – Pompeia
30280-410 BELO HORIZONTE – MG
Tel.: + 55 (31) 3481-0591
pedidos@mazzaedicoes.com.br • www.mazzaedicoes.com.br

Se eu vi mais longe, foi por estar
sobre ombros de gigantes.

Isaac Newton

Nosso agradecimento à comunidade Surda.

SUMÁRIO

PREFÁCIO

Rimar R. Segala

Ao ser convidado para escrever este prefácio, aceitei com grande satisfação, pois acredito que este livro e seus artigos contribuem imensamente com discussões e reflexões acerca do presente e do futuro das pessoas surdas, o que, com certeza, provocará mais pesquisas neste campo.

O livro apresenta temas pertinentes que abordam diversos aspectos da questão, como as diferenças linguísticas e culturais, estratégias de ensino da Libras para ouvintes, ensino de português para surdos, bilinguismo, materiais didáticos voltados às pessoas surdas, formação do profissional tradutor e intérprete de língua de sinais.

Oferece, assim, um contexto histórico-social dessas áreas, sabendo-se que às pessoas surdas foi imposto um modelo ouvinte a ser seguido que perdurou por décadas. Hoje, as pesquisas avançam e o tema torna-se mais necessário a cada ano, mas devemos sempre nos lembrar dos surdos pioneiros, aquele que lutaram pelos seus direitos e melhoria na educação, contribuindo para uma equidade em todas as áreas.

Após a leitura de seus capítulos, foi que consegui mensurar a relevância desta obra em si. Obra elaborada por escritores e estudiosos mineiros, berço da pesquisa e militância da comunidade surda, pelos quais tenho grande apreço e admiração. Seus estudos contribuirão a todos os interessados no tema. Desta obra tenho orgulho e sentimento duplo: como pesquisador e como pessoa surda.

APRESENTAÇÃO

Dayse Garcia Miranda e Luciana Freitas

Falar sobre surdez, educação de surdos e Libras é instigante. Após 17 anos de oficialização da Lei 10.436/02 e, mais recentemente, com o Decreto nº 9.465, de 2 de janeiro de 2019, o tema está muito mais em voga, em virtude da legalidade e da expansão que a Libras teve e continua tendo nos dias de hoje.

Em um tempo não muito distante, os estudantes surdos não se viam validados no âmbito educacional brasileiro. Enfrentavam dificuldades no acesso e na permanência nas escolas, pelo fato de não compreenderem o processo de leitura e escrita do português, sem antes mesmo compreenderem a sua própria língua: a Língua Brasileira de Sinais.

As discussões sobre a educação dos surdos ainda encontram muitos desafios. A comunidade surda vem lutando para conquistar seu espaço e direito de pertencimento a partir da Língua de Sinais, sua primeira língua. Embora pequenas se comparadas aos números de alunos surdos que estão em diferentes escolas, as conquistas já alcançadas refletem na condição de ingressar em todos os níveis escolares e acadêmicos, apresentando resultados de excelência nos processos de aprendizado na sua e em outra língua.

Com essas questões em mente e procurando criar mais um espaço de reflexão e discussão sobre o assunto, professores mineiros, oriundos de universidades federais e particulares, se encontraram para produzir este livro com temas específicos sobre a educação dos surdos. O sentimento para a sua elaboração surgiu quando, nós organizadoras, identificamos esses profissionais mineiros que muito participaram das mudanças nas políticas públicas educacionais do estado mineiro. Propusemos, então, aos colegas pesquisadores uma contribuição sobre o relevante tema.

Educação para surdos: possibilidades e desafios é, portanto, uma coletânea de artigos em que o foco principal são as pesquisas na área da educação e surdez. As pesquisas propõem apresentar realidades vivenciadas nas escolas pelos alunos surdos. O livro é um convite ao leitor para refletir sobre as práticas pedagógicas na construção de uma educação bilíngue para o fortalecimento da pessoa surda e da Libras.

O assunto não se esgota aqui, deixamos apenas um pouco do nosso respeito e contribuição aos estudantes surdos e aos docentes e profissionais da educação que têm interesse pela área da surdez.

Boas leituras e reflexões!

RESUMOS APRESENTADOS NO DVD

O capítulo *Currículo na educação de surdos: há um padrão?*, de Sônia Marta de Oliveira, traz uma reflexão sobre questões inerentes ao currículo na educação de surdos e às interfaces da construção desse instrumento educacional e político em um trecho da Política de Educação Especial na Perspectiva de Educação Inclusiva.

O ensino de Libras para ouvintes adultos ministrado por professores surdos, de Fernanda Soares por sua vez, aponta estratégias utilizadas pelo professor surdo no ensino de Libras para ouvintes adultos com maior eficiência no aprendizado. A autora procura fundamentar o ensino de Libras, caracterizar as implicações ocorridas no seu aprendizado e, então, apontar estratégias para o ensino de Libras para ouvintes adultos.

Caracterização do espaço físico como reflexo de ações não inclusivas: sala de aula bilíngue, de Dayse Garcia Miranda, propõe apresentar características de uma sala de aula inclusiva, bilíngue, composta por alunos surdos e ouvintes, professor e ILS, de escola regular de Ensino Médio. Com isso, dá a conhecer as formas de interação social entre o professor, o intérprete de Libras e os alunos surdos e ouvintes em sala de aula, refletindo sobre o quanto a dimensão social e cultural estão determinadas nas relações discursivas.

O capítulo seguinte, *Contribuições da visão sociossemiótica da linguagem e da multimodalidade como apoio à educação linguística de surdos*, de Renato Caixeta da Silva, apresenta contribuições possíveis para pesquisas e ações relacionadas ao ensino e à aprendizagem de línguas para e pelos surdos no ambiente escolar brasileiro, levando em consideração a teoria sistêmico-funcional da linguagem – uma perspectiva sociossemiótica e a sua noção de multimodalidade. São apresentadas, então, sugestões de prática escolar e de pesquisa que sirvam de apoio para a educação linguística de surdos em escolas brasileiras, bem como reflexões sobre inclusão, defendendo-se que ela considere as especificidades dos alunos surdos e que os faça agentes usuários de fato das diferentes línguas além da língua de sinais.

No capítulo *Ensino da língua portuguesa para surdos: desafios para a educação*, as autoras, Elidéa Lúcia Almeida Bernardino e Maria Cristina da Cunha Pereira, discutem o ensino da língua portuguesa como um desafio que se apresenta para a educação de surdos, tanto na educação bilíngue quanto na educação inclusiva. Refletem ainda sobre o quanto as propostas de ensino da língua majoritária não privilegiam as necessidades dos alunos surdos. Nesse sentido, as autoras defendem que a língua portuguesa deve ser ensinada aos surdos como segunda língua, utilizando a Libras como a língua de interação, e principalmente que seja ensinada como atividade discursiva, buscando propostas que considerem o uso da língua através de discussão de temas atuais e de produção textual contextualizada.

O capítulo de Giselli Mara da Silva, *Aquisição da língua escrita como segunda língua por crianças surdas: um olhar sob a perspectiva da psicolinguística*, apresenta dois modelos teóricos que buscam explicar o processo de aquisição da segunda língua via escrita por crianças que têm a Libras como língua dominante. O primeiro modelo visa explicar estágios de aquisição da língua majoritária via escrita de forma ampla, descrevendo os mapeamentos entre a língua escrita e a língua de sinais em diferentes níveis. Já o modelo de desenvolvimento lexical procura explicar como o conhecimento lexical da língua escrita se desenvolve a partir de uma associação inicial entre sinal e palavra. Sintetizamos resultados de estudos sobre processamento da linguagem que trazem evidências a favor de tais modelos.

Renato Messias Ferreira Calixto, autor do capítulo *Desafios do ensino de língua portuguesa como L2 para surdos em um curso de Ensino Médio e técnico integrados*, traz uma reflexão sobre os desafios do ensino da unidade curricular língua portuguesa, na perspectiva do ensino de segunda língua para surdos, em um curso técnico integrado ao Ensino Médio de um *campus* bilíngue, de um Instituto Federal da Rede Federal de Educação, Ciência e Tecnologia. O autor debruça sobre as especificidades encontradas no contexto em análise, no que se refere aos discentes, aos docentes, aos materiais didáticos, bem como no que tange às políticas linguísticas e estratégias empregadas para a tentativa de asseguração do ensino da Língua portuguesa, na modalidade escrita, para estudantes surdos.

Proposta de material didático no ensino de português como segunda língua para alunos surdos nos anos iniciais: percepções das docentes quanto ao uso do material, capítulo de Luciana Aparecida Guimarães de Freitas, discute a elaboração e aplicação de um material didático baseado no conto infantil *A verdadeira história dos três porquinhos*. A autora descreve as percepções desse instrumento pedagógico por parte das professoras e o processo de ensino de leitura da língua portuguesa para alunos surdos nos anos iniciais do Ensino Fundamental com apoio nesse material. O texto é um recorte da pesquisa de mestrado e apresenta os resultados obtidos com as professoras sobre o material proposto, com base em questionários respondidos pelas professoras nos dois contextos da pesquisa, escola regular e escola especial para surdos.

O capítulo *Estudantes surdos como minoria linguística no Ensino Superior: reflexões sobre especificidades*, de Terezinha Cristina da Costa Rocha, por sua vez, analisa questões vivenciadas por estudantes surdos no cotidiano acadêmico. O texto resulta de um estudo que teve como objetivo compreender especificidades decorrentes do fato de o grupo ser uma minoria linguística, falante de Libras, em inserção em práticas e em diferentes espaços institucionais nos quais a língua portuguesa ou outras línguas orais são priorizadas. Os resultados projetam uma tensão sobre uma possível visão simplória de que apenas o acesso e a disponibilização dos serviços de tradução-interpretação seriam suficientes para a promoção da acessibilidade aos surdos.

Os profissionais da tradução e da interpretação de línguas de sinais no Brasil: percursos formativos e perfil profissional, capítulo de Carlos Henrique Rodrigues, apresenta um olhar sobre a constituição dos profissionais da tradução e da interpretação de/entre/para línguas de sinais no contexto brasileiro. Nele, o autor discute a importância da criação de instituições educacionais destinadas aos surdos, dos movimentos associativos dos surdos brasileiros e da atual legislação referente às línguas de sinais para os profissionais que atuam na tradução e interpretação Português-Libras. Afirma que o tradutor e o intérprete de Português-Libras são profissionais reconhecidos e especializados que devem percorrer uma trajetória formativa específica, direcionada à aquisição e ao desenvolvimento da competência tradutória e/ou da competência interpretativa intermodal.

O último capítulo, *Um olhar etnomatemático para a Educação Matemática e financeira de alunos surdos: caminhando para a cidadania*, dos autores Rodrigo Carlos Pinheiro e Milton Rosa, apresenta parte dos resultados originários de uma pesquisa de mestrado em Educação Matemática referente à busca pelo desenvolvimento da educação financeira de estudantes surdos de acordo com os pressupostos da etnomatemática. Os resultados foram obtidos a partir da aplicação de blocos de atividades matemáticas, enfatizando-se a construção da cidadania dos alunos surdos em uma perspectiva etnomatemática.

CURRÍCULO NA EDUCAÇÃO DE SURDOS: HÁ UM PADRÃO?

Sônia Marta de Oliveira

As discussões traçadas neste capítulo são recortes da minha dissertação de mestrado defendida em abril de 2015, na qual foram analisados instrumentos legais que tratavam do currículo nas políticas educacionais. Ao abordar políticas educacionais e de educação de surdos, pensamos logo na língua de sinais e na cultura surda que sempre estiveram presentes na comunidade surda: os surdos nas escolas, com seus pares surdos, não deixavam de se comunicar na sua língua de conforto. Contudo, o acesso aos conhecimentos organizados no currículo não é mediado na língua de sinais. A língua de sinais faz parte do cotidiano, da vida do surdo, mas não faz parte da elaboração do currículo escolar.

Tendo como pressuposto que o currículo educacional é espaço com significados diferentes sobre o político, o social e que, por vezes, desconsidera a diferença deixando-a à margem da elaboração dos saberes, romper com padrões hegemônicos dos currículos que servem às políticas educacionais vigentes é abrir a discussão para a construção de um currículo pautado na alteridade (SILVA, 2001).

Em um espaço tão diversificado como a escola, a perspectiva dos estudos culturais representa a possibilidade de uma discussão mais próxima à realidade vivida pelas minorias e minoridades na escola. A educação de sujeitos surdos sempre foi vista como um apêndice nas instituições educacionais. Educar uma criança surda é simplesmente oferecer a ela a língua de sinais? As especificidades dos alunos surdos vão além das questões linguísticas. Não é somente o respeito à sua forma de comunicação que resolverá os problemas detectados na educação de surdos. Como a pessoa surda vê e percebe sua educação, a língua de sinais, a língua portuguesa, a cultura nas relações do dia a dia na sala de aula, tudo contribuirá para a construção de uma educação de surdos que possa garantir, a esse grupo, ganhos significativos efetivos.

Para Hall (2004), cultura é expressão, uma forma de elaborar sentidos que coordenam e agem sobre aquilo que fazemos e os conceitos que temos. Os estudos surdos, por sua vez, segundo Skliar (1998a), são espaços de pesquisa em que a história, a educação, a arte, a língua de sinais e a cultura surda são concebidas a partir da diferença. Nos estudos de Jurjo Torres Santomé (2011), a pedagogia crítica discute a legitimidade do conhecimento nas relações no lócus das instituições de ensino e a quem ele é destinado. Atrelada à pedagogia crítica, está a pedagogia da diferença que apresenta as experiências surdas como uma prática possível na educação buscando o empoderamento e a garantia do respeito à especificidade linguística do surdo.

Na esfera da interpelação qualitativa, várias metodologias são utilizadas com o intuito de acercar-se da prática social. A metodologia de pesquisa documental procura apreender, indiretamente, por meio do checape de vários tipos de documentos existentes. O vocábulo *documento* vem de *documentum*, que deriva do latim *docere*, que quer dizer *ensinar*. Documento como artefato de uma dada sociedade contém em seu bojo o movimento de força de quem está no poder. À vista disso, documento não é uma criação eximida, incauta. Traz em seu âmago formas de interpretar do expressivo de um grupo social (BRAVO,1991).

Sob a luz dos estudos qualitativos, a pesquisa documental concebe a investigação de delimitada questão, com base na análise de documentos elaborados pelo homem que declaram a forma de ver, pensar e se situar num determinado fato social. Analisar documentos demanda um olhar sob a ótica de quem elaborou tal documento. Por isso, *know-how* por parte pesquisador é necessário para que não haja comprometimento com o trabalho a ser desenvolvido.

> Os documentos são fontes de dados brutos para o investigador e a sua análise implica um conjunto de transformações, operações e verificações realizadas a partir dos mesmos com a finalidade de se lhes ser atribuído um significado relevante em relação a um problema de investigação. (CALADO; FERREIRA, 2004, p. 3)

Em um estudo qualitativo e flexível é necessário a elaboração de indução: ir além do que está registrado, com a intenção de interpretar as informações. A interpretação é feita a partir de uma fusão entre as perguntas da pesquisa, o produto alcançado pela apreciação do material selecionado, as deduções efetivadas e o aporte teórico adotado (GOMES, 2007).

Para discussão neste capítulo, apresentamos uma configuração de um dos instrumentos legais analisados na pesquisa de dissertação. Trata-se da Política de Educação Especial na Perspectiva de Educação Inclusiva – Documento elaborado pelo Grupo de Trabalho nomeado pela Portaria Ministerial n°. 555, de 5 de junho de 2007, prorrogada pela Portaria n°. 948, de 9 de outubro de 2007. Tal instrumento, do qual destaco um trecho a seguir, influencia diretamente em meu trabalho como professora de alunos surdos do segundo ciclo em uma escola pública na rede municipal de Belo Horizonte; influencia em minha prática docente ante tal documento.

Branco e Rocha (1998) argumentam que o estímulo colocado para o pesquisador é colocar em prática sua experiência e imaginação na organização de uma forma de estudo que seja ajustável e versátil a cada fase da investigação, buscando respostas adequadas aos argumentos do trabalho.

Trecho do documento selecionado para estudo e reflexão

Política de Educação Especial na Perspectiva de Educação Inclusiva - Documento elaborado pelo Grupo de Trabalho nomeado pela Portaria Ministerial n. 555, de 5 de junho de 2007, prorrogada pela Portaria n°. 948, de 9 de outubro de 2007.

Para o ingresso dos alunos surdos nas escolas comuns, a educação bilíngue – Língua Portuguesa/Libras desenvolve o ensino escolar na Língua Portuguesa e na língua de sinais, o ensino da Língua Portuguesa como segunda língua na modalidade escrita para alunos surdos, os serviços de tradutor/intérprete de Libras e Língua Portuguesa e o ensino da Libras para os demais alunos da escola. O atendimento educacional especializado para esses alunos é ofertado tanto na modalidade oral e escrita quanto na língua de sinais. Devido à diferença linguística, orienta-se que o aluno surdo esteja com outros surdos em turmas comuns na escola regular

O trecho recortado acima elucida com pertinência a possibilidade de um estudo e análise sobre as posições políticas de quem elabora a política e os documentos e de quem vivencia nos bancos escolares esses instrumentos legais. A pesquisa documental mostra-se acertada, pois este trabalho vislumbra a discussão pontual sobre o currículo na educação de surdos.

Para Cellard (2008), é necessário alinhavar documentos para serem analisados. De acordo com o autor, cinco passos devem ser seguidos para a análise documental: 1)o contexto; 2)os responsáveis pela elaboração do documento; 3) a veracidade do texto; 4) o caráter do documento; 5) os conceitos importantes e a coerência do documento.

Na compreensão de Santomé (2011), política é um aglomerado de propostas, discursos e atitudes que influenciam nossas vidas e determinam e orientam nossa forma de conviver; nessa medida, uma educação política se torna imprescindível. A intensidade em que nos deixamos ser orientados está em consonância com as oportunidades que tivemos para participar das propostas, discursos e atitudes. Nesse caso, a educação exercerá papel fundamental no que tange à consciência do poder que temos enquanto cidadão.

> Em muitos momentos da história, as opções políticas que eram feitas por meio de decisões do governo imediatamente passavam a reinterpretar o passado, ocultando, falsificando e manipulando inúmeros acontecimentos e dados em uma tentativa de provocar zonas de amnésia generalizada; isso especialmente em relação a todos aqueles assuntos nos quais essa ideologia política não está bem fixada. Portanto, hoje testemunhamos as inúmeras tentativas de reescrever distorcidamente o período da ditadura, afim de convencer as novas gerações de que os acontecimentos gravíssimos como foi o golpe de Estado e a ditadura do General Franco não foram realmente assim, ou que fenômenos como o maio de 1968 forma festas um tanto descontroladas feitas por certos grupos de adolescentes, em outras palavras, ocultando que em nosso mundo houve e ainda há distintas ideologias que implicam diferentes opções para organizar a convivência e o mundo. (SANTOMÈ, 2011, p. 37)

Anos de uma educação e de políticas educacionais que buscaram normalizar os surdos aos padrões dos ouvintes, deixaram marcas profundas no histórico educacional deles. O Congresso de Milão realizado em 1880 marca o início de uma era na qual a língua de sinais é banida da educação de surdos por razões filosóficas, religiosas e políticas expressas no evento.

No entendimento da ordem filosófica, a fala seria a expressão do pensamento, por conseguinte, as línguas de sinais representavam a incerteza do pensamento. Com base em Aristóteles, as línguas de sinais se assemelhavam ao rude, primitivo, a uma comunicação incerta e limitada. Se comunicar por meiode um canal que não fosse o oral auditivo, seria uma forma inferior de comunicação, estaria fora dos padrões das línguas orais. No entendimento religioso, um surdo que se comunicasse pela língua de sinais, não comungaria da língua em que se assenta a fé cristã. Sem dominar a língua pátria, ficaria inviável para o surdo confessar e ter ingresso à santa escritura. Por sua vez, no entendimento político as línguas nacionais eram de suma importância para uma afirmação das identidades. E o aprendizado dessas línguas, o caminho para a consolidação dos estados-nações, como, por exemplo, Alemanha e Itália.

A política educacional oralista perdurou durante anos na educação de surdos. As escolas de surdos se tornaram espaço onde o ouvido do surdo passava por processos de reabilitação; onde o aprender a falar tomou o lugar da construção do conhecimento e a normalização de pessoas surdas ao modelo de pessoas ouvintes imperou. Os professores surdos foram removidos dessas escolas, pois a hegemonia do discurso oralista não permitia surdos que se comunicavam na língua de sinais.

Os discursos com foco na fisiologia da surdez foram reforçados pelo engrandecimento de uma regra ouvinte fomentado por uma teia de relatos que compunham uma ideologia ouvintista. A fala, a leitura labial, os modelos de como se portar de acordo com comportamento de pessoas que ouviam, a proibição da língua de sinais e o modelo de pessoa surda como inválida, incapaz, impediram milhares de surdos ao acesso a uma primeira língua, privando-os do contato em comunidades surdas nas quais prevaleciam práticas culturais comuns aos surdos (SKLIAR, 1998b).

A Política de Educação Especial na Perspectiva de Educação Inclusiva, ao propor o ingresso dos alunos surdos nas escolas comuns com educação bilíngue – Língua Portuguesa/Libras –, desenvolve o ensino escolar na Língua Portuguesa e na língua de sinais, mas nas entrelinhas dessa proposta fica a posição hegemônica da Língua Portuguesa sobre a língua de sinais. Se legalmente a língua de sinais é a língua natural da pessoa surda, se pesquisas apontam para a importância de se ter a língua de sinais como língua de instrução da pessoa surda, por que vem em primeiro plano no registro a Língua Portuguesa em sobreposição à língua de sinais?

> Crianças surdas em sua maioria são filhas de pais ouvintes e, um dos motivos de não serem expostas à língua de sinais no seio familiar é que pais e familiares desconhecem a língua de sinais. É geralmente na escola o primeiro contato da criança surda com a língua de sinais. A Política Pública, ora em questão, desconsidera o período de aquisição e apropriação da língua de sinais pela criança surda quando assinala o aprendizado da língua portuguesa e língua de sinais concomitantemente. A aquisição da linguagem em crianças surdas deve acontecer através de uma língua visual-espacial. No caso do Brasil, através da língua de sinais brasileira. Isso independe de propostas pedagógicas (desenvolvimento da cidadania, alfabetização, aquisição do português, aquisição de conhecimentos etc.), pois é algo que deve ser pressuposto. Diante do fato das crianças surdas virem para a escola sem uma língua adquirida, a escola precisa estar atenta a programas que garantam o aceso à língua de sinais brasileira mediante a interação social e cultural com pessoas surdas. O processo educacional ocorre mediante interação linguística e deve ocorrer, portanto, na língua de sinais brasileira. Se a criança chega na escola sem linguagem, é fundamental que o trabalho seja direcionado para a retomada do processo de aquisição da linguagem através de uma língua visual-espacial. Digo que a aquisição da linguagem é essencial, pois através dela, mediante relações sociais, se constituirá os modos de ser e de agir, ou seja, a constituição do sujeito. Como mencionado por Góes [...] "a produção de significados em relação ao mundo da cultura e a si próprio é um processo necessariamente mediado pelo outro, é efeito das relações sociais vivenciadas [...]" através da linguagem. (QUADROS, 2003 p.99)

Na escola, quem serão os interlocutores no aprendizado na língua de sinais pelos surdos? Como defendido por Quadros (2003), o acesso à língua de sinais deve ser mediante o contato com e entre surdos. A presença do professor surdo de língua de sinais deve ser garantida nas políticas educacionais vigentes e não somente recomendada e/ou orientada. O ensino de língua de sinais para surdos deveria seguir os parâmetros de ensino de língua materna ou L1, e o ensino de língua de sinais para ouvintes é na perspectiva de ensino de língua estrangeira. Portanto, metodologias diferentes de ensino e aprendizagem. Esses pressupostos não estão expostos nessa referida Política Pública.

Ao oferecer a presença do tradutor intérprete de língua de sinais – TILS – para surdos que muitas vezes estão em processo de aquisição da língua de sinais, corre-se o risco de que a função desse profissional seja confundida com a função de professor de língua de sinais. Além disso, a presença do TILS em sala de aula não garante que a metodologia de ensino adotada será modificada com o objetivo de tornar acessível o conhecimento para o aluno surdo. Em várias situações, a presença desse profissional contribui para ocultar uma política de educação com vistas à inclusão que, na verdade, exclui.

A ausência de uma formação específica na área educacional acaba por colaborar para múltiplas funções desse profissional, como, por exemplo, o TILS ser diretamente responsável pelo processo de aprendizagem dos alunos surdos. Dessa maneira, o acesso aos conteúdos selecionados no currículo corre o risco de continuar insuficiente, gerando barreiras no desenvolvimento social e educacional dos surdos. A experiência de condutas de verter de uma dada língua para outra precisa estar agregada aos estudos teóricos sobre a língua, incluindo aspectos culturais e linguísticos. Nesse campo de teias complexas é que o TILS atua fazendo escolhas que lhe soam propícias para serem transportadas para outra língua em cada etapa do processo de tradução (LODI, 2007).

> Se a Libras for vista apenas como língua de tradução, mas não forem considerados os processos de construção de conhecimento perpassados por esta língua, muitas das ações em sala de aula podem ficar prejudicadas quando se almeja a aprendizagem dos conteúdos pelos alunos surdos, especialmente na Educação Básica. Neste sentido, o papel do TILS é fundamental porque os modos eleitos para verter os sentidos do Português para a Libras podem ser determinantes de processos de construção de conhecimento. (LACERDA, 2010, p.149)

Nesses pressupostos, o currículo deve ser construído em uma concepção viso-espacial que trata da forma e da estrutura em que a língua de sinais é organizada, garantindo, assim, acessibilidade aos conteúdos selecionados na língua de instrução dos surdos. Desse modo, a diferença é reconhecida e o pilar do desenvolvimento educacional é referendado por meio de interações sociais. A língua passa a ser o mecanismo que traduz as relações e finalidades do meio. Ao exprimir um pensamento na língua de sinais, o discurso nessa língua se utiliza de uma perspectiva visual que não pode se dar na mesma sincronia que uma língua oral auditiva e vice-versa. (QUADROS, 2003).

Ao fazer a opção por manter a Língua Portuguesa em primeiro plano em detrimento da língua de sinais, a Política de Educação Especial na Perspectiva de Educação Inclusiva demonstra um discurso hegemônico de uma língua sobre a outra. É o poderio linguístico da Língua Portuguesa nessa política.

> A língua de sinais tem todas as características linguísticas de qualquer língua humana natural. É necessário que nós, indivíduos de uma cultura de língua oral, entendamos que o canal comunicativo diferente (visual-gestual) que o surdo usa para se comunicar não anula a existência de uma língua tão natural, complexa e genuína como é a língua de sinais. (GESSER, 2009, p.22)

Em salas comuns, surdos e ouvintes partilharão uma única língua? Como dito anteriormente, a forma de aprendizagem de ambos, surdos e ouvintes, é diferente. Nesse contexto, mesmo contando com a presença do TILS, a língua majoritária é a Língua Portuguesa e a língua de sinais ocupa somente o lugar da tradução/interpretação. O surdo se torna um "estrangeiro" na sala de aula.

> Shaw e Jamienson (1997) discutem que os discursos de sala de aula revelam papéis sociais e culturais nas interações que podem ser diferentes em muitos aspectos daquilo que tratam normalmente os discursos familiares. Assim, o discurso do professor guia a atenção dos alunos para tarefas relevantes, avaliando suas respostas e sua adequação. Além disso, muito do que é dito para outro aluno em uma explicação ou discussão é ouvido pelo grupo e constitui um conhecimento adquirido, ainda que não diretamente voltado para este ou aquele sujeito; neste ambiente, onde um pergunta, outro responde e outro ouve, se constroem muitas regras de conhecimento social e afetivo importantes para o desenvolvimento da criança. Nesse sentido, crianças surdas possuem estratégias de comunicação muito peculiares, pois a maioria vem de lares ouvintes que não possibilitam um desenvolvimento linguístico no patamar das crianças ouvintes. Assim, elas partem de uma exposição e de estratégias de linguagem diferentes, estando expostas a um ambiente que usa simultaneamente pistas visuais e auditivas, impondo a elas opções, dividindo sua atenção. Em uma sala de aula para alunos ouvintes, isso se reproduz, já que o professor passa as informações de acordo com aquilo que está acostumado, sendo mais adequado aos ouvintes que às crianças surdas. Desse modo, a criança surda está presente, mas está perdendo uma série de informações fundamentais sobre questões de linguagem sociais e afetivas que lhe escapam justamente

> por sua condição de ser usuária de outra língua, tendo acesso aos conteúdos apenas pela mediação do intérprete. A criança surda tem um interlocutor único que usa uma linguagem filtrada, escolar e própria para a tradução [...], sem outros modelos, sem trocas, sem contato com tudo que circula entre coetâneos. Trata-se de uma experiência restritiva, em um momento fundamental de seu desenvolvimento, que precisa ser considerada. (LACERDA, 2006 p.178)

O surdo que vai à escola, bem como qualquer outra criança, está em fase de desenvolvimento de uma língua, de construção de identidades, de princípios sociais e afetivos. E é a escola o espaço de aprendizagem das formas de narração, de descrição, dos usos da linguagem em diferentes situações alargando o conhecimento linguístico, conhecendo normas de convívio social, normas dos vários grupos constituídos na escola e de regras sociais importantes para a adequação à vida social. A escola propicia vivência de emoções, êxitos, desventuras, conflitos; envolvimentos importantes de serem vividos e praticados nas relações sociais. E os surdos nesse círculo escolar? As políticas educacionais desmerecem a situação linguística desse grupo. A escola deve ser o espaço de relacionamento com a cultura do outro, que tem outra língua, outro jeito de ler o mundo. Uma reflexão que leve à construção de outras políticas que referende os conhecimentos sobre a diferença sem restringir ou exigir moldes de adaptações às normas do grupo majoritário. No caso aqui, a supremacia da Língua Portuguesa em detrimento da língua de sinais e da cultura surda.

Compreender uma ação de desimpedimento ao outro contribui para o desejo de conhecer as peculiaridades desse outro. Seus saberes, seus sonhos, os modos de vida. Abrir-se ao outro deve ser umas das bases para a edificação de relacionamentos de diálogo e colaboração. Em síntese, a finalidade da existência das instituições educativas deve ser: conhecer a nós e ao outro (SANTOMÉ, 2011).

As discussões teóricas em torno do currículo, ao apontarem as minorias linguísticas e culturais, raramente mencionam a comunidade surda, os surdos e/ou a língua de sinais e cultura surda, porque a diferença linguística e cultural do surdo é muitas vezes ignorada aos olhos do outro, o ouvinte. Apesar de essa comunidade ser amparada legalmente por leis, decretos, convenções e declarações, a diferença linguística é negada no currículo. Contudo, na medida em que os movimentos surdos se organizam em ações de reconhecimento e direitos, uma inquietação no contexto das políticas públicas está instalada e se faz necessária outra forma de apreender o mundo. O surdo precisa ser visto e percebido. Os dispositivos legais permitem o uso da língua de sinais, mas não garantem uma educação por meio dessa língua.

> Obrigar um grupo a utilizar uma língua diferente da sua, mais do que assegurar a unidade nacional, contribui para que esse grupo, vítima de uma proibição, segregue-se cada vez mais da vida nacional. (UNESCO, 1954)

Os aportes teóricos deste trabalho contribuíram para que o currículo possa ser compreendido como artefato formador de culturas, envolto de ações, de acepções e conexões de conhecimentos, de significados e construção de sentidos, podendo ser espaço de axioma e diferença. Os conhecimentos e saberes são da cultura, são inerentes a ela. As consonâncias no entorno da ideia de cultura e do pensamento reportam-se ao caráter complexo e social próprios dos saberes e conhecimentos nas relações de contestação, poder e conflitos.

Pensar na construção de um currículo justo para os surdos requer pensar na orbitalidade de uma pedagogia visual dedicada à educação do olhar. A pedagogia vem se cercando de caminhos da visualidade e incrementou-se em campos: pedagogia artística com foco nas imagens, fotografias, artes plásticas, pinturas; pedagogia digital com base nas tecnologias; pedagogia estética na representação de gênero etc. Pensar em uma justiça curricular significa considerar as carências atuais para depois investigar de forma criteriosa os conteúdos e proposições de aprendizagem e ensino que se objetiva educar com comprometimento e a outorga de poderes aos grupos sociais negligenciados. Assim, o compromisso com aquele, o outro que fica à margem, deve ser selado (SANTOMÉ, 2011).

O Relatório sobre a Política Linguística de Educação Bilíngue – Língua Brasileira de Sinais e Língua Portuguesa do Grupo de Trabalho, designado pelas Portarias n. 1.060/2013 e n. 91/2013 do MEC/SECADI, 2014, elaborado por profissionais da educação de surdos, determina as diretrizes de uma educação que garanta a educação de surdos na língua de sinais. Algumas das deliberações que julgamos ser fundamentais na construção de um currículo e que constam do relatório: 1) os avanços dos movimentos surdos na luta pelo reconhecimento como povo com língua e cultura próprias; 2) revisão das políticas educacionais direcionadas aos surdos; 3) política linguística representa um tipo de intervenção social em uma determinada comunidade. Uma política linguística vai determinar decisões quanto ao uso das línguas num determinado país ou comunidade linguística. A partir disso, instaura-se um planejamento linguístico que objetiva implementar a política linguística traçada. Os idealizadores de um planejamento linguístico conduzem as decisões a respeito do uso das línguas em uma comunidade específica, podendo ou não coincidir com os interesses da própria comunidade, assim como já observado, por exemplo, com as comunidades surdas.

Um currículo que não incorpora as minorias culturais e busca silenciar essas minorias é uma estratégia camuflada de exclusão adotada pelas instituições de ensino. Os surdos têm o direito de ter uma educação com o seu olhar, com a sua mão. Têm direito a um currículo tendo como pilares: língua de sinais como língua de instrução; Língua Portuguesa como segunda língua e literatura surda. Dessa maneira contribui-se para que uma justiça curricular seja feita. Para que os surdos possam de fato construir conhecimento de forma equitativa em relação ao outro ouvinte,o currículo deve ser organizado nos moldes surdos, na pedagogia visual que propiciará a formação de sujeitos surdos conscientes de seus direitos e deveres e, assim, poderemos vislumbrar a possibilidade de relações sociais sob o prisma da alteridade, espaço em que a diferença não é negada nem silenciada, mas sim reconhecida e valorizada.

REFERÊNCIAS

BRANCO, A. U.;ROCHA, R. F. A questão da metodologia na investigação científica do desenvolvimento humano. *Psicologia: Teoria e Pesquisa*, Brasília v.14 n° 7 p. 251-258, 1998.

BRAVO, R. S. *Técnicas de investigación social*: teoria e ejercicios. 7. ed. Madrid: Paraninfo, 1991.

CALADO, S. S; Ferreira, S. C. R. *Análise de documentos*: método de recolha e análise de dados. Online, 2004. Disponível em: <http://www.educ.fc.ul.pt/docentes/ichagas/mi1/analisedocumentos.pdf. Acesso em 08/09/2014.

CELLARD, A. A análise documental. In: POUPART, J. (Org.). *A pesquisa qualitativa:* enfoques epidemiológicos e metodológicos. Petrópolis: Vozes, 2008. p. 295-316.

GESSER, A. LIBRAS, que língua é essa?: crenças e preconceitos em torno da língua de sinais e da realidade surda. São Paulo: Parábola Editorial, 2009.

GOMES, R. Análise e interpretação de dados de pesquisa qualitativa. In: DESLANDES, S.F.; GOMES, R.; MINAYO, M. C. S. (Org). *Pesquisa social:* teoria, método e criatividade. 26. ed. Petrópolis: Vozes, 2007. p. 79-108.

HALL, S. *A identidade cultural na pós-modernidade.* 9°. ed. Rio de Janeiro: DP&A, 2004.

LACERDA, C. B. F. Tradutores e intérpretes de Língua Brasileira de Sinais: formação e atuação nos espaços educacionais inclusivos. *Cadernos de Educação.* Pelotas, v. 36, p. 133-153, maio/ago. 2010.

LACERDA, C. B. F. A inclusão escolar de alunos surdos: o que dizem alunos, professores e intérpretes sobre esta experiência. *Cad. Cedes*, Campinas, v. 26, n. 69, p. 163-184, maio/ago. 2006. Disponível em: <http://www.cedes.unicamp.br>. Acesso em 18 /05/2014.

LODI, A.C.B. O intérprete de Língua Brasileira de Sinais/Língua Portuguesa e sua prática em diferentes espaços sociais. In: CONGRESSO IBERO-AMERICANO DE TRADUÇÃO E INTERPRETAÇÃO, 4., 2007. *Anais*.. São Paulo, Unibero, 2007. CD-ROM.

OLIVEIRA, M. M. *Como fazer pesquisa qualitativa.* Petrópolis: Vozes, 2007.

OLIVEIRA, S. M. *Educação de surdos e currículo:* reflexões acerca do reconhecimento da língua de sinais e dos artefatos culturais surdo/ Dissertação (Mestrado) Pontifícia Universidade Católica de Minas Gerais. Programa de Pós-Graduação em Educação, Belo Horizonte, 2015. 86 f.: il.

QUADROS, R. M. Situando as diferenças implicadas na educação de surdos: inclusão/exclusão. *Revista Ponto de Vista.* Florianópolis, n°.5, 2003.

SANTOMÉ, J.T. O cavalo de Troia dos conteúdos curriculares. In: APPLE, M.; AU, W.; GANDIN, L. A. (Org.). *Educação Crítica. Análise Internacional.* . Tradução de Vinicius Figueira. Porto Alegre: Artmed, 2011.

SILVA, T. T. *Documentos de Identidade.* uma introdução às teorias do currículo. Belo Horizonte: Autêntica, 2010.

SILVA, T. T. A política e a epistemologia do corpo normalizado. n. 8, p. 3-15,. Rio de Janeiro: Espaço, 1997.

SILVA, T. T. *O Currículo como fetiche:* a poética e a política do texto curricular. Belo Horizonte: Autêntica, 2001.

SKLIAR, C. (Org.). *A Surdez:* um olhar sobre as diferenças. Porto Alegre: Editora Mediação, 1998a.

SKLIAR, C. Um olhar sobre o nosso olhar acerca da surdez e das diferenças. In: SKLIAR, C. Org.). *A surdez*: um olhar sobre as diferenças. Porto Alegre: Editora Mediação, 1998b. p. 5-6.

UNESCO. *Declaração dos Direitos Humanos de 1954.*

O ENSINO DE LIBRAS PARA OUVINTES ADULTOS MINISTRADO POR PROFESSORES SURDOS

Fernanda Grazielle Aparecida Soares de Castro

1. INTRODUÇÃO

O presente capítulo aborda o "ensino da Libras", delimitando-se no "ensino de Libras enquanto L2 para ouvintes adultos". O problema aqui levantado foi: Quais estratégias são possíveis de serem usadas pelo professor surdo para que o ensino de Libras para ouvintes adultos ocorra com mais eficiência? É certo que a Libras, como todo e qualquer idioma, tem suas implicações no que tange ao seu ensino e aprendizado. É importante entender que uma única metodologia não cabe a um mesmo público. Existem três níveis para se aprender uma língua, o infantil, o adolescente e o adulto, sendo este último considerado por muitos o nível mais complicado porque há interferência da língua nativa sobre a língua que se aprende, o que faz demorar mais para decodificar a segunda língua (L2) – a que se está aprendendo.

O objetivo principal da pesquisa desenvolvida foi apontar estratégias utilizadas por professor surdo para ensinar Libras para ouvintes adultos com maior eficiência no aprendizado. Para isso, foi preciso fundamentar o ensino de Libras, caracterizar as implicações ocorridas o aprendizado da Libras e, então, apontar estratégias para o seu ensino para ouvintes adultos.

Justifica-se que quando o professor aplica estratégias para ensinar uma segunda língua, um novo idioma, a uma pessoa adulta, ele facilita a intervenção e passa a aplicar métodos que propiciam o aprendizado. Para aprender Libras, não é diferente, e existe estratégias que trazem mais contribuições no sentido de que o aluno ouvinte adulto aprenda Libras de forma simples. No entanto, para aprender Libras nessas condições é preciso enfatizar que ela deve ser ensinada para uso do cotidiano da pessoa, pois já não se ensina a Libras em toda a sua gramática, seguindo e obedecendo regras. Caso a pessoa adulta, após aprender a estrutura básica da Libras para o dia a dia, queira aprofundar mais, será preciso partir para outra forma metodológica. O ensino de Libras para ouvintes adultos neste contexto valorizará o ensino de Libras para o cotidiano com recursos estratégicos que abreviem o tempo para se aprender Libras.

Nosso estudo, enfim, se desenvolveu com base em pesquisas bibliográficas, de modo qualitativo, e enfatizou três assuntos, a saber: o ensino da Libras, as implicações ocorridas no aprendizado da Libras e as estratégias para o ensino da Libras especificamente para ouvintes adultos.

2. O ENSINO DA LIBRAS

O ensino da Libras é hoje uma conquista legalizada em favor da comunidade surda que leva a pessoa surda a ter mais condições de se comunicar na própria língua. Quanto mais ouvintes aprendem a Língua Brasileira de Sinais, mais acessibilidade terá a pessoa surda usuária desta língua.

> A Lei 10.436/2002 reconhece a Libras como língua nativa, portanto brasileira e não estrangeira, ao admitir ser a língua de comunidades de pessoas surdas brasileiras, uma ação politicamente marcada, embora focada na perspectiva linguística. Portanto, o Estado mantém o português como língua oficial, por outro lado, admite a existência de outra língua nativa e de cidadãos brasileiros – que não são imigrantes nem pertencentes a nações indígenas. (SOUZA, 2007, p. 191)

Foi a partir da efetivação da Lei 10.436/2002 que as pessoas surdas puderam disseminar ainda mais sua língua. Com isso, o ensino da Libras passou a ser procurado por ouvintes e até mesmo por surdos que até aquele momento não faziam uso desse idioma, somente da língua portuguesa oralizada que, como é sabido, trata-se de um recurso muito difícil para as pessoas surdas, pois nem tudo é possível de ser entendido pela leitura labial e pela oralidade.

> A partir da regulamentação da lei da Libras, a oferta do ensino da Libras, como direito dos alunos surdos, passa a ser diretriz que norteia os sistemas de ensino para a garantia do acesso à comunicação e à informação no processo educacional, garantida mediante a implementação da Libras e da Língua Portuguesa na modalidade escrita para surdos. (RODRIGUES, 2012, p. 132)

A partir da data de regulamentação, a Libras, de início, foi difundida por meio de cursos em instituições de ensino da educação básica especificamente para surdos (que atendia a família), em instituições religiosas (com cursos ofertados por surdos voluntários) e cursos oferecidos por associação de surdos, como a Feneis, por exemplo. Com isso, "o reconhecimento da Língua de Sinais como língua natural da comunidade surda permitiu o fortalecimento identitário do grupo" (ALMEIDA, 2015, p. 28). Nesse contexto, o ensino da Libras não era caracterizado como formal, pois o que se estava fazendo era ensinar por meio de cursos de extensão, muitos sem valor institucional para muitos adeptos. Foi um período em que não havia planos para que o ensino de Libras fosse reconhecido como curso de nível superior. O ensino de Libras enquanto curso de nível superior reconhecido pelo MEC foi efetivado em 2006, logo após o Decreto 5.626/2005, até essa data, o interesse em geral não estava na certificação, mas sim em aprender.

> Aprender é uma ação humana criativa, individual, heterogênea e regulada pelo sujeito da aprendizagem, independentemente de sua condição intelectual ser mais ou ser menos privilegiada. São as diferentes ideias, opiniões níveis de compreensão que nos enriquecem e que clareiam o nosso entendimento. Ensinar, por sua vez, é um ato coletivo e homogêneo, que o professor realiza disponibilizando a todos um mesmo conhecimento. (MANTOAN, 2004, p. 14)

Com isso, o ensino de Libras passou a ser muito mais difundido no país, a procura tornou-se cada vez maior. Foram muitos os ouvintes que aprenderam Libras informalmente e, aprovados por meio de bancas de proficiência como a da Feneis, tornaram-se habilitados para atuarem como tradutores e intérpretes da Libras em instituições públicas e privadas de ensino. O Decreto 5.626/2005 também oportunizou muitos professores surdos e ouvintes fluentes em Libras a passarem por uma avaliação organizada pelo MEC e pela Universidade Federal de Santa Catarina (UFSC), denominada PROLIBRAS. Este evento habilitou muitos usuários da Libras, tanto aqueles professores surdos como os tradutores intérpretes na condição de ouvintes.

> Com efeito, a língua de sinais tem que ser considerada como língua de cultura, como o são as línguas orais de modo geral, seja no contexto das línguas naturais, seja no contexto das línguas estrangeiras, em ambos os casos, como expressões culturais e concernentemente linguísticas. (ALMEIDA, 2015, p. 18)

A Libras é um idioma de origem brasileira e que tem raízes culturais do povo surdo, é uma língua que precisa ser respeitada e disseminada, por isso, não existe proibições para quem faz uso dela, todos têm o direito de usá-la e inclusive atuar como ponte de comunicação entre ouvinte e surdo na ausência de um profissional intérprete.

"O ensino de Libras é uma área bastante especial. A fim de ensinar uma segunda língua, não basta ser fluente nela" (ALBRES, 2016, p. 32), é preciso conhecer com propriedade a identidade surda e sua cultura, só assim a língua se efetiva de fato. Outro fator que precisa ser destacado sobre a Língua Brasileira de Sinais é o espaço físico do qual se apropria; a Libras, como outro idioma qualquer, tem suas peculiaridades que precisam ser respeitadas e valorizadas.

> É importante analisarmos como a produção textual em língua de sinais é uma relação que envolve uma dinâmica de inter-relação entre corpo, espaço e movimento. Portanto, diferente de uma dinâmica presente nas línguas orais, as línguas de sinais convivem com o cênico como um elemento de atribuição de sentidos. Por isso, o ambiente ou espaço físico não é um mero componente ou detalhe, é um elemento decisivo para a produção de sentidos. (BASSO; STROBEL; MASUTTI, 2009, p. 13)

Poucos antes, os autores afirmam que uma "concepção de ensino de língua precisa de referências claras em termos do enfoque metodológico a ser seguido" (BASSO; STROBEL; MASUTTI, 2009, p. 12). Não basta apenas ser usuário da língua, é preciso ter uma bagagem de convivência humanizada com usuários nativos.

> Para ensinar é preciso perceber a maneira de cada indivíduo e grupo se relacionar com o conhecimento e com o ato criativo. O conhecimento é uma

junção de arte, de técnicas e de vivências. Portanto, sempre há uma relação estreita entre quem ensina e o que ensina. O educador surdo organiza os conhecimentos a partir da sua visualidade. A intencionalidade (objetivo claro), reciprocidade (como o aluno se envolve no processo pedagógico) e a mediação dos significados (como os significados são construídos com o aluno) exigem uma criatividade na composição dos elementos de uma pedagogia visual que serão determinantes para o êxito do processo de aprendizagem de educandos surdos. (BASSO; STROBEL; MASUTTI, 2009, p. 12)

O ensino de Libras por uma pessoa surda fluente tem muito mais credibilidade em fornecer a quem aprende uma maior aproximação da fluência. Assim, há certa necessidade de priorizar o ensino de Libras ministrado por pessoa surda, não ignorando as pessoas ouvintes que ensinam essa língua, claro. Trata-se somente de esclarecer que, como toda outra língua, a oferta de um curso de Libras ensinado por surdos acelera mais o aprendizado porque não apresenta influências multiculturais envolvidas na prática de ensino e aprendizagem.

3. IMPLICAÇÕES OCORRIDAS NO APRENDIZADO DA LIBRAS

O aprendizado da Libras depende da forma como ocorreu o ensino da Libras. Há alguns fatores que implicam no aprendizado da Língua Brasileira de Sinais, como a formação de quem ensina, visto que "muitos professores também não têm formação adequada para o ensino, com escolaridade em nível de Ensino Médio" (BASSO; STROBEL; MASUTTI, 2009, p. 16). Hoje já há mais profissionais qualificados no ensino formal, no entanto, em cursos de curta duração, geralmente quem ensina nem sempre tem os requisitos mínimos sugeridos pelo Decreto 5.626/2005, que é ser preferencialmente surdo, ter habilitação para ensinar, ministrar aulas de Libras, ter proficiência certificada pela Feneis ou pelo MEC – Ministério da Educação, no caso do PROLIBRAS, por exemplo. A inexperiência de quem ensina implica bastante na aprendizagem de quem aprende.

Art. 6º. A formação de instrutor de Libras, em nível médio, deve ser realizada por meio de: I - cursos de educação profissional; II - cursos de formação continuada promovidos por instituições de ensino superior; e III - cursos de formação continuada promovidos por instituições credenciadas

> por secretarias de educação. § 1º. A formação do instrutor de Libras pode ser realizada também por organizações da sociedade civil representativa da comunidade surda, desde que o certificado seja convalidado por pelo menos uma das instituições referidas nos incisos II e III. § 2º. As pessoas surdas terão prioridade nos cursos de formação previstos no **caput**. (BRASIL, 2005)

Outro fator que implica na aprendizagem dessa língua é o tempo; tempo que não chega a ser uma fração do período que se sugere para aprender outros idiomas. A Libras é uma língua de fácil decodificação, no entanto, muitos profissionais exageram no quesito "tempo", abreviando-o ainda mais e comprometendo de fato o aprendizado da Libras. O tempo destinado em cursos de licenciatura, por exemplo, em muitas instituições de Ensino Superior, chega a ser de 30 horas de duração, "com o levantamento do conhecimento proposto em programas de formação de professores de línguas de sinais, [...] tempo destinado à formação para ensino de língua nos aspectos que envolvam abordagens, métodos e técnicas de ensino é bem pequeno" (ALBRES, 2016, p. 32). O tempo de alguns cursos de curta duração, que chegam no máximo a 40 horas, limita o aluno a conhecer determinadas técnicas e, mais grave ainda, ter prática suficiente – o que é fundamental no ensino da Libras. Engana-se quem pensa que vai aprender Libras em 30 horas. A Libras não é diferente dos demais idiomas. Ainda que o prazo para se ter fluência em Libras seja menor, não significa que em oito aulas isso aconteça nesta língua.

> A duração destes cursos pode variar. Existem alguns mais curtos, de três meses, e outros mais prolongados, chegando a 14 meses ou mais. A forma como são ministradas as aulas também é flexível, sendo encontrados cursos tanto presenciais como online. Cursos grátis também são oferecidos com frequência, principalmente por ONGs e prefeituras. (SÃO PAULO, 2012)

O desconhecimento por alguns sinais da Libras também é um fator que implica no aprendizado: "a Libras tem características únicas, muitas palavras não possuem um sinal definido, quando isso acontece o indivíduo distribui gestualmente cada letra segundo o alfabeto de Libras, conhecido como Alfabeto Datilológico, podendo então continuar sua comunicação" (ROSSETTO, p. 20). Outra possibilidade é combinar sinais com a pessoa surda, isso quando não se tem ou não se sabe qual o sinal denominado a algo, entretanto, apesar de combinados, os sinais sempre podem derivar de outro sinal conhecido pelos interlocutores. Essa combinação acontece entre usuários fluentes da Língua Brasileira de Sinais e, justamente por ser combinado, são sinais que se firmam somente entre aqueles que os criaram, não sendo permitido divulgá-los fora do ambiente do qual ele passou a existir.

> O uso de termos técnicos, palavras onde não existam sinais e conceitos totalmente desconhecidos, sem dúvida, dificultam ou tornam quase impossível o ato de traduzir ou interpretar. Em alguns casos o intérprete precisa combinar com os alunos surdos alguns sinais provisórios. (FENEIS, 2004 citado por MIRANDA, s/d.)

Pensar que todo surdo pode ensinar Libras, implica também no seu aprendizado. Há surdos implantados que se autodenominam surdos professores de Libras e, no entanto, usam a Libras somente por interesse financeiro e acabam por prejudicar o aprendizado de quem quer realmente aprender a língua. "A necessidade de profissionais surdos para ensinar Libras nas escolas de surdos e escolas inclusivas trouxe medidas paliativas para resolver este problema, algumas bastante comprometedoras, pois em muitos lugares ainda se acredita que basta ser surdo para saber Libras e ter competência para ensiná-la" (BASSO; STROBEL; MASUTTI, 2009, p. 16) Essa ideia falsa bloqueia o desejo do aprendiz que tanto quer aprender Libras para comunicar-se com os surdos e até mesmo conquistar uma nova profissão, a de intérprete de Libras. Com isso, muitos daqueles que estavam animados em aprender, perdem o interesse, pois acreditam que todo ensino de Libras será igual o primeiro, isto é, sem sucesso.

> Reconhecendo que o implante coclear e a Língua de Sinais são alternativas complementares na educação da criança, enquanto cientistas, os profissionais devem pesquisar a eficácia relativa de ambas em delineamento experimentais rigorosos. O profissional deve abster-se de assumir uma posição apriorística radical de prescrição de uma alternativa e de proscrição de outra. Em vez disso, ele deve considerar a necessidade de pesquisa clínica e educacional acerca dos impactos reativos e complementares do implante e da língua de sinais para o desenvolvimento cognitivo, linguístico e acadêmico da criança com surdez congênita. É preciso que o profissional tenha uma visão ampla da pessoa em suas condições de Surdo e de surdo,

> contemplando tanto os aspectos antropológicos da Cultura Surda quanto os médicos da deficiência auditiva. (CAPOVILLA; RAPHA, 2001 p. 1.543)

Outro fator que implica no aprendizado é ser filho ou filha de casal de surdos, ou ter apenas um dos pais surdo. A pessoa aprende Libras em casa, em família e logo pensa que já está apto a interpretar uma palestra, por exemplo, mas não é bem assim. Mesmo tendo convivência, faz-se necessário seguir cursos obedecendo cada um dos níveis, básico, intermediário e avançado. É certo que, por conta do convívio familiar com a Libras, esta pessoa terá mais facilidade e rapidez em aprender, mas deve saber que tais qualidades não justificam o desinteresse em aprender.

> As pessoas pensam que as línguas de sinais são de fácil aquisição por estarem diretamente relacionadas com o sistema gestual utilizado por todas as pessoas que falam uma língua. Como isso não é verdade, as línguas de sinais são tão difíceis de serem adquiridas quanto quaisquer outras línguas. Precisamos de anos de dedicação para aprender uma língua de sinais, mas com base neste mito, as pessoas pensam que sabem a língua de sinais por usarem alguns gestos e alguns sinais que aprendem nas aulas de língua de sinais. (QUADROS; KARNOPP, 2004, p. 31-37)

Cursos a distância também podem implicar déficit no aprendizado da Libras, o que não significa que não se deve fazer cursos de Libras na modalidade EaD. Deve-se avaliar bem antes o curso pretendido: será dada mais prioridade à teoria do que à prática, quem irá ministrar as aulas (são surdos, ouvintes?), a carga horária, os módulos, as atividades práticas, a forma de avaliação etc... Tudo precisa ser analisado antes de se matricular.

> A Educação a Distância (EaD), aliada ao fato de que a tecnologia tem se tornado paulatinamente mais presente na sociedade acadêmica, vem promovendo uma mudança do paradigma no cenário educacional brasileiro. Os conceitos de aprender, ensinar, a relação professor-aluno, modificam e se adaptam às necessidades atuais. (PÊGO; LOPES, 2014, p. 545)

É importante ainda, antes de efetuar a matrícula, ler o cronograma do curso e os conteúdos a serem estudados. Dê preferência, nesses casos, a um quadro com a maior parte dos professores surdos e verifique o nível de formação deles e seus currículos. Assim evita-se escolher um curso que não contribuirá com o desenvolvimento e com o aprendizado da Libras. O ideal é fazer cursos na modalidade a distância após ter algum conhecimento satisfatório da Libras por meio de cursos presenciais, isso torna bem mais fácil decodificar o que se aprende nas teleaulas.

> Enfim, para decidir se inscrever em um curso a distância, da mesma maneira que em curso presencial, é preciso conhecer em detalhes o que ele irá abordar e em qual profundidade. Assim, é possível avaliar se as expectativas na realização do curso serão atendidas ou não. Muitas pessoas se decepcionam com um curso, não por ele ser presencial ou a distância, mas por não atender às expectativas de aperfeiçoamento ou atualização. (PALANGE, 2012)

A forma de ensinar um sujeito surdo e um sujeito ouvinte também compromete o aprendizado, pois cada um tem suas peculiaridades e interesses diferentes. Uma pessoa ouvinte tem interesse em se comunicar com surdos usuários da Libras, enquanto o surdo tem necessidade em adquirir competência na sua língua usada para comunicar-se com surdos principalmente.

> A língua de sinais é uma das principais marcas da identidade de um povo surdo, pois é uma das peculiaridades da cultura surda, é uma forma de comunicação que capta as experiências visuais dos sujeitos surdos, sendo que é esta língua que vai levar o surdo a transmitir e proporcionar-lhe a aquisição de conhecimento universal. (STROBEL, 2008, p. 44)

Enquanto a pessoa ouvinte aprende uma segunda língua, o surdo aprende a primeira língua (L1) que lhe dá a liberdade de comunicação própria. Nesse sentido, ao ensinar a pessoa surda, não há interferência de outra língua, diferentemente da pessoa ouvinte, caso em que a língua portuguesa influência sobre o aprendizado da segunda língua (L2), no caso, a Libras. Nesse sentido, é preciso "levar em conta, que os alunos com surdez precisam de ambientes educacionais estimuladores, que desafiem o pensamento e explorem suas capacidades cognitivas" (ALMEIDA; VITALIANO, 2012, p. 5). Por isso, ao ensinar a pessoa surda sua língua primeira é preciso dispensar meios e técnicas metodológicas, estimulando o visual e principalmente o significante (a imagem) e o significado (o conceito).

4. ESTRATÉGIAS NO ENSINO DE LIBRAS PARA OUVINTES ADULTOS

Para um professor surdo ensinar Libras para alunos ouvintes, não basta apenas saber Libras, é preciso compreender o universo ouvinte observando, contudo, que os ouvintes já têm sua língua e estão ali interessados em aprender um novo idioma – a Libras. Sobre esse assunto, observou-se que "pouquíssimas investigações têm sido feitas a respeito das metodologias para o ensino de língua de sinais como L2" (GESSER, 2010, p. 25). Para o ouvinte que aprende a L2, existe influência da L1 sobre a L2. No entanto, quando quem ensina é o surdo, a tendência é de não haver tal influência, isso porque o ouvinte precisa somente da L2 para comunicar-se com o professor e com isso a probabilidade de aprender mais rápido é maior.

Como estratégia de fomentar o aprendizado da Libras aos alunos em questão, o professor surdo se aproveita dos conhecimentos prévios que o aluno tem: o visual, a experiência de mundo, o significante, que é a imagem já decodificada, e o significante, que é o conceito que o ouvinte tem dessa imagem. Assim, cabe ao professor iniciar o ensino primeiramente com o alfabeto, a pessoa ouvinte adulta já o conhece, só lhe falta praticá-lo em Libras. É importante que o aprendiz se desprenda da L1, o que vai acontecendo aos poucos, as práticas de palavras da L1 para L2 não contribuem satisfatoriamente em virtude da decodificação que o aluo já tem da L1. O ideal é que o professor surdo se aproprie de uma língua que o ouvinte desconheça, por exemplo, o inglês, este pode ser um recurso importante para ensinar o alfabeto da Libras com mais eficiência. Fazer uso de textos em inglês para que os alunos ouvintes treinem a Libras é muito enriquecedor para o aprendizado, pois eles estarão aprendendo sem influência da L1. É importante que o ouvinte termine esse primeiro momento apto em datilologia (escrita e leitura).

Para se trabalhar classificadores com os alunos ouvintes não é difícil, tudo depende do conhecimento de mundo que cada um tem. Não é possível sinalizar um discurso sobre uma cirurgia do fígado, por exemplo, se a pessoa não sabe o que é, nem onde o órgão fica situado no corpo humano; é preciso conhecer para classificar. Nesse sentido é muito importante trabalhar e praticar os classificadores, é um recurso linguístico que evita o que é chamado de "português sinalizado", resquício mais uma vez da L1.

Outra estratégia importante é a velocidade para realizar os sinais. Os ouvintes tendem ao fazer um sinal, formulá-lo primeiramente em L1 para expressá-lo em Libras, o que atrasa a ação. Nesse sentido, após ter aprendido as configurações de mãos, os parâmetros da Libras, os classificadores e a formulação de frases, orações e textos, só então o professor surdo se aproveitará da L1 do ouvinte, solicitando que o mesmo treine por meio de recursos auditivos, fazendo uso de músicas, videoaulas, reportagens e tudo que ele possa ouvir em L1 e repassar em L2 de modo a treinar a velocidade até que seu cognitivo não se prenda inteiramente à L1, pois a fluência da L2 depende do desapego da L1.

O trabalho com a tradução de discursos em Libras para a L1 também se vale de uma boa estratégia para o bom desempenho do aluno ouvinte enquanto adulto. Para o professor surdo, um ouvinte traduzir de Libras para português é complicado porque o professor surdo não ouve e não poderá avaliar por meio dessa técnica. Nesse caso, o melhor a fazer é escolher alguns vídeos em Libras e pedir aos alunos que traduzam por escrito, assim eles poderão rever mais de uma vez, treinar a tradução falada e escrita e, por fim, entregar ao professor surdo o texto para que ele avalie a competência do aluno.

> A competência teórica, por outro lado, é aquela que traz explicações sobre os saberes de ensinar e aprender. A construção desta competência fornece ao professor uma capacidade de compreender as tendências, as suas implicações sobre a prática e especialmente, vincular uma coisa com a outra, o que lhe promove, em contrapartida, a competência aplicada. (GESSER, 2010, p. 53)

Essas são algumas estratégias possíveis de serem trabalhadas em favor do aprendizado de pessoas ouvintes adultas. Como já mencionado, quando o professor de Libras é surdo, fluente e com formação didática para ministrar aulas de Libras, a decodificação da língua acontece sem implicações e interferência da língua portuguesa sobre a Língua Brasileira de Sinais. Não estamos discordando aqui que uma pessoa ouvinte fluente em Libras e com formação para ministrar aulas de Libras não possa ensinar, pois, seguindo tais estratégias, qualquer professor terá sucesso em relação ao aprendizado desses sujeitos em estudo, uma vez que "as estratégias são formas utilizadas pelo aprendiz para lidar com as informações apresentadas, e são desenvolvidas para contornar dificuldades, obstáculos e demandas de uma situação de aprendizagem" (GESSER, 2010, p. 62).

5. CONSIDERAÇÕES FINAIS

A pesquisa respondeu ao problema levantado, chegando à conclusão de que o professor surdo tem total capacidade para ensinar a ouvintes adultos a Língua Brasileira de Sinais, visto que ele se apropria de estratégicas contributivas para que o aprendizado ocorra de fato sem interferências da L1 pelo ouvinte.

Foi necessário fundamentar o ensino da Libras observando as formas como ele ocorre, quem pode ensinar, como se ensina e o que se ensina. Aqui foi possível reforçar o conceito de que nem todo surdo tem competência para ensinar Libras, mas que o Decreto 5.626/2005 deixa claro que a prioridade de ensinar Libras é dada à pessoa surda e, claro, com formação para assumir aulas de Libras.

Caracterizou-se também as implicações ocorridas no aprendizado da Libras e a que mais sobressaiu foi a interferência da L1 sobre a L2 quando o aprendiz é ouvinte adulto.

Diante dessas implicações levantadas apontou-se estratégias que professores surdos têm ao ensinar Libras para os sujeitos mencionados nesse discurso, o que confirmou a resposta para o problema imposto e cumpriu com o objetivo principal aqui proposto.

REFERÊNCIAS

ALBRES, N. A. *Ensino de Libras*: aspectos históricos e sociais para a formação didática de professores. Curitiba: Appris, 2016.

ALMEIDA, W. G. (Org.). *Educação de surdos*: formação, estratégias e prática docente. Ilhéus: Editus, 2015. Disponível em: <http://books.scielo.org>. Acesso em: 13 out. 2018.

ALMEIDA, J. J. F.; VITALIANO, C. R. *A disciplina de Libras na formação inicial de Pedagogos*: experiência dos graduandos. In: IX ANPED SUL. SEMINÁRIO DE PESQUISA EM EDUCAÇÃO DA REGIÃO SUL. 2012. Disponível em: < http://www.ucs.br/etc/conferencias/index.php/anpedsul/9anpedsul/paper/viewFile/2429/582> Acesso em: 14 out. 2018.

BASSO, Davania Maria de Souza. STROBEL, Karin Lilian. MASUTTI, Mara. *Metodologia de Ensino de Libras-L1.* Universidade Federal de Santa Catarina Licenciatura em Letras -Libras na Modalidade a Distância. 2009. Disponível em:< http://www.libras.ufsc.br/colecaoLetrasLibras/eixoFormacaoPedagogico/metodologiaDeEnsinoEmLibrasComoL1/assets/631/TEXTO-BASE_SEM_AS_IMAGENS_.pdf> Data de acesso: 02/03/2019.

BRASIL: *Decreto 5.626/2005.* Regulamenta a Lei no 10.436, de 24 de abril de 2002, que dispõe sobre a Língua Brasileira de Sinais - Libras, e o art. 18 da Lei no 10.098, de 19 de dezembro de 2000. Disponível em: <http://www.planalto.gov.br/ccivil_03/_Ato2004-2006/2005/Decreto/D5626.htm>. Acesso em: 14 out. 2018.

CAPOVILLA, F. C; RAPHA, W. D. *Dicionário enciclopédico ilustrado trilíngue da língua de sinais brasileira.* Vol II. São Paulo: Edusp, 2001.

MIRANDA, R. C. *O tradutor e intérprete de Libras.* Online, s/d. Disponível em: <http://mirandalibrassemfronteiras.weebly.com/liacutengua-brasileira-de-sinais.html>. Acesso em: 14 out. 2018.

GESSER, A. *Metodologia de ensino em Libras como L2.* Florianópolis: Editora da UFSC, 2010.

MANTOAN, M. T. E. *Caminhos Pedagógicos da Inclusão.* Petrópolis: Vozes, 2004.

PALANGE, I. *Educação à Distância: por que fazer e como escolher?* In: ABED – ASSOCIAÇÃO BRASILEIRA DE EDUCAÇÃO À DISTÂNCIA. Disponível em: <http://www.abed.org.br/arquivos/Por_que_Educacao_a_Distancia_Ivete_Palange.pdf>.Acesso em: 14 out. 2018.

PÊGO, C. F.; LOPES, B. *Reflexões acerca do curso de Letras Libras e suas contribuições para a construção de novas perspectivas na Educação à Distância.* In: ESUD 2014. XI Congresso

Brasileiro de Ensino à Distância. Florianópolis, 2014. Disponível em:< http://esud2014.nute.ufsc.br/anais-esud2014/files/pdf/128085.pdf>. Acesso em: 14 out. 2018.

QUADROS, R. M.; KARNOPP, L. *Língua de sinais brasileira*: estudos linguísticos. Porto Alegre: ArtMed, 2004.

RODRIGUES, C. S.; VALENTE, F. *Intérprete de Libras*. Curitiba: IESDE Brasil S.A., 2012.

ROSSETTO, Bruna Thaís. *Implicações no ensino aprendizagem de química por alunos surdos, na perspectiva da educação inclusiva*. Universidade Tecnológica Federal do Paraná. Departamento de Química: Curso de Licenciatura em Química. Pato Branco: 2015. Disponível em: <http://repositorio.roca.utfpr.edu.br/jspui/bitstream/1/5566/1/PB_DAQUI_2015_1_1.pdf> Data de acesso: 03/03/2019.

SÃO PAULO. *Curso de Libras presencial em São Paulo e Rio de Janeiro*. 2012. Disponível em: <http://www.cursodelibras.com.br/curso-de-libras>. Acesso em: 14 out. 2018.

SOUZA, R. M. *Educação de Surdos*: pontos e contrapontos. São Paulo: Summus, 2007.

STROBEL, K. *As imagens do outro sobre a cultura surda*. Florianópolis: Editora da UFSC, 2008.

CARACTERIZAÇÃO DO ESPAÇO FÍSICO COMO REFLEXO DE AÇÕES NÃO INCLUSIVAS: SALA DE AULA BILÍNGUE

Dayse Garcia Miranda

1. INTRODUÇÃO

Este capítulo é um recorte de uma pesquisa, realizada no 1º semestre de 2009, para dissertação de mestrado (MIRANDA, 2010) defendida no programa de pós-graduação em Conhecimento e Inclusão Social em Educação, da Faculdade de Educação da Universidade Federal de Minas Gerais (UFMG), sob o título *As mediações linguísticas do intérprete de língua de sinais na sala de aula inclusiva*. Mais especificamente, refere-se ao Capítulo 4, páginas 121 a 143. Nesta nossa escrita, novas abordagens teóricas foram acrescidas, como a da semiótica social (KRESS, 2010; PIMENTA, 2001), entre outros autores que apresentam perspectivas com base na sociolinguística.

A sala de aula investigada caracteriza-se por ser uma sala bilíngue, inclusiva, e pertencente a uma escola pública de ensino regular da rede municipal de Belo Horizonte, Minas Gerais. A escola tem como público alunos de classe média da Região Leste da cidade, embora receba alunos ouvintes e surdos de vários outros bairros da capital e da região metropolitana. O grupo pesquisado compõe-se de alunos surdos e ouvintes, professor e o Intérprete de Língua de Sinais (ILS) que frequentam o 3º ano do Ensino Médio, horário noturno. A idade desses estudantes (surdos/ouvintes) varia de 20 a 40 anos.

A sala de aula eleita é composta por 22 alunos ouvintes e 9 alunos surdos. O grupo de alunos surdos divide-se em 6 homens e 3 mulheres. Outro aspecto a ser considerado sobre a organização da sala de aula pesquisada é o de que não havia um lugar específico para o Intérprete de Língua de Sinais: o ILS ficava em pé, ao lado do professor, enquanto este abordava os conteúdos curriculares em atividade, ou transitando entre os surdos.

Foram observadas e gravadas 16 aulas do professor de História, mediadas pelo ILS, e 2 horas/aula de entrevista coletiva com os alunos surdos dessa sala, durante o período 20 de fevereiro a 5 de maio de 2009, computando 80 horas de gravações em classe. Adotando uma abordagem etnográfica, realizada com o objetivo de efetuar uma análise contextualizada dos processos de inclusão e aprendizagem desenvolvidos em sala de aula, tive como foco os padrões de interação e práticas características das aulas do professor de História desenvolvidos dentro da turma bilíngue eleita.

Durante o trabalho de coleta de dados, os alunos ocuparam dois espaços distintos na escola como referência de sala de aula. O primeiro local designado como sala de aula foi o auditório da escola, escolha justificada pela direção por apresentar um espaço mais amplo para acolher a turma, considerada maior que as demais. Em um segundo momento da pesquisa, os alunos foram transferidos para uma sala de aula normal da escola. Nessa sala, de tamanho menor, o intérprete ocupava a primeira carteira da primeira fila do lado esquerdo da porta. Em ambos os lugares, esse profissional se posicionava sempre, mesmo quando sentado, de frente para os surdos. Percebia-se nitidamente a sua preocupação em ficar atento aos movimentos dos surdos por meio de seu olhar, que os acompanhava em todos os locais da sala de aula.

As análises sobre o contexto criado na sala de aula apoiam-se no pressuposto teórico de que o processo educativo é um processo de conhecimento que apresenta uma base sócio-histórico-cultural. Isso significa que na sua constituição estão presentes não só a bagagem cognitiva de alunos mas também as características das interações desenvolvidas entre os sujeitos participantes da sala de aula, assim como o contexto social e cultural de que partilham.

Segundo Bourdieu (*apud* SOARES, 2001b), grupos, classes ou frações de classes sociais diferentes desenvolvem um processo diferente de socialização, gerando um *habitus* cultural e linguístico próprio de cada grupo. O que significa dizer que existem modos diferentes de agir, perceber, pensar e falar, incorporados pela interação da Língua, que é determinada pela condição da existência e demonstrada pelo modo de usar a Língua.

Pressupondo-se que as diferenças linguísticas, no que diz respeito à Libras, não se dão através de fronteiras étnicas, mas da própria condição fisiológica do usuário dessa Língua e da falta de políticas públicas de saúde e de educação, podemos considerar que essa Língua se insira historicamente nas discussões de língua minoritária. Para Bortoni-Ricardo e Dettoni (2001), o conflito intercultural e sociolinguístico ocorre devido à separação da realidade do aluno da realidade da escola e pode manifestar-se de várias maneiras, conduzindo a uma desvantagem ao portador de uma língua e cultura não prestigiada socialmente.

Corroborando as autoras, Soares (2001b, p. 53), refletindo quanto à capacidade da Língua de modelar pensamento e ação, cita Sapir (1929):

> É uma completa ilusão imaginar que alguém se ajuste à realidade sem o auxílio essencial da língua e que a língua seja meramente um meio ocasional de resolver problemas específicos de comunicação e raciocínio. O fato incontestável é que o "mundo real" se constrói inconscientemente, em grande parte, na base dos hábitos linguísticos do grupo. Não há duas línguas que sejam bastante semelhantes para que se possa dizer que representam a mesma realidade social. Os mundos em que vivem as diversas sociedades humanas são mundos distintos e não apenas um mundo com muitos rótulos diversos.

Dessa maneira, além dos aspectos discursivos que envolvem a mediação dos participantes, na análise da sala de aula também é importante considerar como se definem as regras culturais de convivência, uma vez que elas estabelecem como os sujeitos devem se comportar e falar em virtude de estarem presentes em um grupo no qual são aquelas as regras de convivência em tal situação (GOFFMAN, 2002). Os aspectos socioculturais do processo educativo podem ser identificados por meio de análises de diversos níveis da organização da sala de aula, desde o mais macro (a organização do espaço da sala de aula), até os aspectos micro, tais como as diferentes interações mantidas pelos sujeitos nesse espaço.

Orientada por essas questões, pude identificar alguns elementos que possibilitaram analisar as relações constitutivas entre os sujeitos da sala de aula inclusiva analisada, bem como compreender os contextos histórico, cultural e social. Caracterizo aqui as particularidades culturais produzidas pelos participantes da sala de aula bilíngue e analiso as implicações dessas particularidades para a criação das possibilidades de inclusão dos alunos surdos como membros dessa comunidade.

A fim de alcançar essa meta, destacarei as características da interação entre os participantes dessa sala de aula, considerando, por exemplo, como utilizam o espaço da sala de aula, como estabelecem as trocas comunicativas e como expressam o ambiente vivenciado. O conceito de mapeamento dos espaços da sala de aula com base em Frank (1999) e Pimenta (2001) será o fundamento das análises sobre a sociologia da sala de aula.

Adotando os princípios teórico-metodológicos defendidos por Castanheira (2004) para a identificação de padrões e princípios que definem a participação dos sujeitos no grupo, busquei observar como os participantes organizavam as suas atividades diárias e utilizavam o espaço da sala de aula, bem como se envolviam em conversas e se relacionavam nas situações de ensino e aprendizagem. Para tal, apoiada em Collins e Green (1992 *apud* CASTANHEIRA, 2004), Frank (1999), Kress (2010) e Pimenta (2001), procurei guiar minhas observações e questionamentos[1] a partir de algumas questões básicas: Que espaços eram ocupados pelos sujeitos participantes da sala de aula? Quais eram as regras de participação – quem podia fazer ou dizer o quê, para quem ou com quem? Em que condições e com que resultados as formas de participação eram criadas? Quais formas de mediações eram criadas e quais eram seus efeitos na aprendizagem dos alunos surdos? (CASTANHEIRA, 2004).

2. A SALA DE AULA NA VISÃO DA SEMIÓTICA SOCIAL

Alguns estudos (SIROTA, 1987; PERRENOUD, 1993) na área da sociologia da sala de aula apontam para a possibilidade de se analisar a sala de aula como um lugar de representações sociais, e evocam as variações pedagógicas implicadas na diversidade dos componentes humanos desse espaço escolar. Segundo Sirota (1987), foram os pesquisadores americanos da antropologia educacional quem primeiro identificaram os alunos como átomos sociais, com características sociais, etnias e características religiosas particulares, formando dentro da sala de aula um microcosmo da sociedade global. Por meio da análise das práticas discursivas usadas pelos partici-

[1] Entrevista coletiva (semidirigida) entre os alunos surdos e a pesquisadora, sem a presença do ILS e conduzida em Libras. Todos os alunos surdos participaram. As perguntas se referiam à trajetória escolar, ser aluno surdo, educação especial ou bilíngue, sala de aula inclusiva ou bilíngue, realidade da vida do estudante surdo e como se percebe dentro dessa sala de aula.

pantes de um grupo em situações naturais, é possível evidenciar a história do aluno e o seu condicionamento em relação aos fatores sociais. Além disso, a variação da linguagem, desenvolvida pela sala de aula, está diretamente ligada ao contexto social construído pelos valores estabelecidos nos ambientes do entorno da escola.

Segundo Pimenta (2001), nas interações em sala de aula, o aluno, ao desejar fazer uma representação, procura signos que foram construídos ao longo de sua história (onde vai sentar, a decisão de falar ou não e todo o seu comportamento) e, a partir dessa busca, utiliza como material para uma expressão adequada e plausível ao seu significado de ser aluno e estar num dado espaço físico educacional.

Apoiando-se na ideia da linguagem como uma prática social, a paisagem semiótica, neste caso a sala de aula, pode trazer elementos essenciais de significação relevantes que revela os contextos envolvidos e que variam conforme a posição do sujeito, usuário da linguagem, quanto maior ou menor grau de poder numa sociedade (CLORAN, 2000 *apud* MOTTA-ROTH; HEBERLE, 2005, p. 13).

Além dessa perspectiva semiótica da sala de aula, os estudos da sociolinguística e o seu discurso contribuem para refletirmos sobre a dimensão social e cultural dos sujeitos de uma comunidade e de como suas relações estão diretamente ligadas ao contexto discursivo, implicado na comunicação situada socialmente (CAMERON, 2001).

Segundo Kress (2010), na semiótica social os signos podem significar a partir do indivíduo, da história social, dos modelos sociais, da localização num meio ambiente, do uso de regras sociais, dos aspectos culturais, que são agentes que norteiam a formação dos significados e sua comunicação. Nesse sentido, essa concepção de signos será sempre refeita a partir das interações sociais, motivadas e não arbitrárias, e sua produção tem como base os recursos semióticos da cultura. Sendo assim, toda representação e comunicação são sinais metafóricos e mutáveis.

Outro aspecto discursivo importante a ser considerado refere-se à existência de dois modos de representação linguística constituída em uma sala bilíngue de escola inclusiva. Nesse sentido, algumas distinções precisam ser levantadas: uma dessas línguas não é originada na oralidade (linguagem falada por meio de sons); além disso, o uso dessas duas línguas pode ocorrer de forma simultânea em um mesmo espaço físico: ao mesmo tempo que o professor aborda os conhecimentos curriculares, o ILS faz a interpretação das explicações dadas pelo professor para os alunos surdos. Assim, os alunos surdos e ouvintes, situados numa mesma sala de aula, tendem a receber informações, de certa forma simultâneas, sobre os conhecimentos ensinados pelo professor, mas cada um por meio de seu modo[2] linguístico. Ainda, essas informações são disponibilizadas aos alunos pela mediação de sujeitos diferenciados: os alunos ouvintes têm a mediação direta com o professor. No caso desta pesquisa, o foco está no professor e nos alunos surdos por meio da mediação do professor e do ILS.

Por essas características, pode-se considerar que, se por um lado, o ambiente bilíngue proporciona possibilidades mútuas de uso, de escolhas e de representações linguísticas diferenciadas, por outro lado, o conhecimento ensinado pela escola acontece por vias diferenciadas: por via direta entre aluno ouvinte e professor, responsável pela disciplina curricular; e por via indireta, quando ocorre pela mediação do profissional que interpreta os conteúdos ensinados pelo professor.

A paisagem semiótica da sala de aula bilíngue é construída e relacionada nas interações sociais desenvolvidas entre os alunos surdos, ouvintes, professor e o ILS. Para Kress (1995, *apud* PIMENTA, 2001), a configuração de uma sala de aula não é um texto fechado, mas fornece pistas a partir de sua estrutura interna. Assim, na conjectura da semiótica social, a sala de aula fornece traços de mensagem que têm unidade social própria e o discurso se refere ao processo social na qual se insere. Nesse sentido, pode-se supor que em uma sala de aula inclusiva e bilíngue diferentes discursos agem ao mesmo tempo.

Contudo, os acordos discursivos entre esses membros visam à troca das representações socioculturais e/ou estão sendo disponibilizadas por aspectos dominantes. Quanto a estes, os aspectos dominantes, em específico a este capítulo, considera-se os seguintes exemplos: (i) agilidade discursiva – o som prospera ao silêncio; (ii) o uso dominante da escrita em língua portuguesa (LP); (iii) a organização do espaço arquitetônico – cadeiras enfileiradas que impossibilitam o acesso e a interação comunicativa do surdo, pois a sua língua é visual. Destaca-se que as variáveis do uso linguístico são o reflexo das práticas sociais, das crenças e dos valores caracterizados por ambientes comunicativos que revelam a diferença individual e do grupo de uma sala de aula.

Portanto, a construção do conhecimento, em sala de aula, é mediada pela linguagem, e o discurso produzido na exposição do professor é tão importante quanto

[2] Língua de Sinais e Língua Oral.

as atividades desenvolvidas individualmente pelo aluno. De acordo com Mortimer e Machado (2001), na sala de aula interagem pelo menos duas linguagens sociais diferentes, a do discurso científico e a do senso comum, podendo ser na língua oral e/ou de sinal, entretanto, ambas vão interagir para produzir um novo significado.

3. A ESTRUTURAÇÃO DA SALA DE AULA INCLUSIVA COMO ESPAÇO DE INTERAÇÕES

O evento que apresento, "Mapa da Sala de Aula", justifico-o em função do fato de que é nos primeiros dias de aula que se caracterizam as escolhas dos sujeitos pelos seus lugares de pertencimento a partir da identificação das escolhas dos sujeitos sobre os parceiros que elegem para se relacionarem na sala de aula. Além disso, essas escolhas passam a se constituir como padrões dominantes das relações entre os alunos surdos e os alunos ouvintes durante todo o ano letivo. A descrição sobre a ocupação do espaço pelos alunos, professores e ILS, bem como as características físicas e pedagógicas do lugar, podem ajudar a reconstituir um pouco das experiências vividas pelos alunos numa sala de aula inclusiva.

Portanto, para as análises, foi considerado que os sujeitos de uma turma desenvolvem uma história que ajuda a orientar os modos segundo os quais eles interpretam novos acontecimentos e se envolvem em atividades. Orienta também sobre quais padrões de vida se tornam automáticos e imperceptíveis para os participantes. Veja-se a Figura 1 a seguir.

Figura 1 – Mapa Sala de Aula (Miranda, 2010)

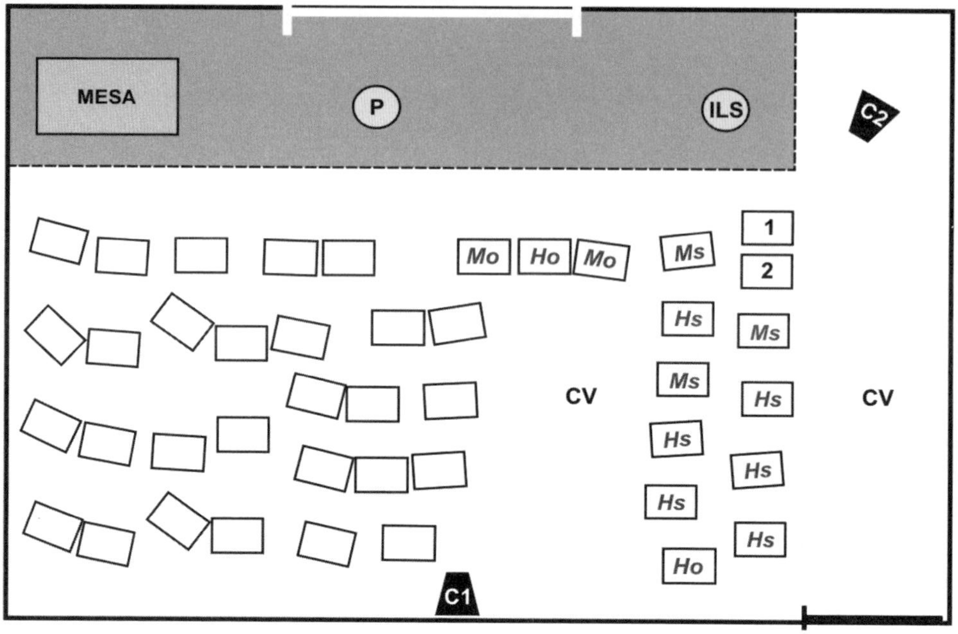

P – Professor
ILS – Intérprete de Língua de Sinais
C1 – Câmera 1
C2 – Câmera 2
CV – Corredor vazio

Ms – Mulher surda
Mo – Mulher ouvinte
Hs – Homem surdo
Ho – Homem ouvinte

☐ Alunos ouvintes
1 Bolsa do ILS
2 Carteira vazia

Com base nessa configuração da sala de aula pesquisada, pode-se distinguir a existência de dois grupos distintos: o grupo de alunos surdos e o grupo de alunos ouvintes, separados por um espaço na forma de corredor, de aproximadamente uns 40 cm.

Definindo de maneira precisa, os alunos surdos ocupam duas fileiras de carteiras do lado direito da porta principal e somente um aluno ouvinte (Ho) senta nesse grupo, ocupando a última carteira na mesma fileira dos surdos. Cabe esclarecer que esse aluno ouvinte é o único que conhece a Língua de Sinais (LS), aquisição que ocorreu fora da escola: ele frequenta uma igreja que também tem fiéis que são surdos, familiarizando-se nesse espaço de convivência com a Língua de Sinais.

Outra característica da ocupação da sala de aula refere-se à disposição dos alunos ouvintes em suas fileiras, opostas às dos alunos surdos. Entretanto, quando alguns desses alunos ouvintes – é o caso particular de três aqui – querem ficar mais atentos à aula apresentada pelo professor, decidem, nessas situações excepcionais, sentar-se na primeira fila, e suas carteiras ficam mais próximas às dos surdos (Mo, Ho, Mo). Essa escolha dos alunos ouvintes pode ser explicada por conjunto de fatores. O primeiro é de que se trata dos alunos com melhor desempenho na aprendizagem nessa aula: sentar-se à frente, nas primeiras fileiras, possibilita-lhes reconhecimento e contato direto com o professor. O segundo fator é o de que sentar-se próximo dos alunos surdos os mantêm distanciados das conversas paralelas existentes entre os demais alunos ouvintes. Assim, esse lugar próximo aos alunos surdos significa um espaço favorável3 para se obter maior concentração e proximidade do professor. Por outro lado, essa proximidade não favorece a interação entre os alunos ouvintes e os alunos surdos: a presença nesse lugar significa, simplesmente, a garantia de um lugar mais silencioso e sem interferências na aula do professor.

Os outros alunos ouvintes assentavam-se do lado esquerdo da porta de entrada e embora encontrassem ao chegar a sala organizada sempre em fileiras, por iniciativa própria passaram a modificar essa forma de organização, visando aproximar as suas carteiras das carteiras de outros alunos ouvintes, formando "grupos".

Outro aspecto que chama a atenção na organização espacial da sala de aula é a predominância de carteiras, principalmente no lado de ocupação dos alunos surdos, sempre viradas para a frente, defronte o professor e o ILS, como única forma de participação dos alunos. Vale destacar, nessa sala de aula o lugar específico para o ILS é a posição frontal às fileiras dos alunos surdos, sempre ao lado do professor. No caso de transitar entre os surdos, o ILS deve movimentar-se defronte os alunos surdos, que acompanham as informações que ele apresenta.

3.1. A sala de aula como espaço relacional

Segundo Green (2005), cada indivíduo traz um repertorio linguístico e cultural que promove oportunidades de aprendizagem de práticas sociais e acadêmicas, oportunidades que serão vivenciadas entre todos os participantes. Assim, por tratar de uma sala bilíngue, as línguas envolvidas (LP/LS) estão justapostas e nenhum grupo, nesse ambiente, é aculturado. Dessa maneira, passei a analisar

[3] Esta informação foi obtida pelos próprios alunos ouvintes em conversa informal com a pesquisadora.

como elas norteiam as ações escolares e como contribuem para o aprendizado de cada grupo.

No caso da Figura 1, a paisagem semiótica da sala de aula configura os modos de se significar – escolha dos assentos - em um ambiente bilíngue tanto por alunos surdos como por alunos ouvintes. Assim, o ponto crucial é entender que nada está sem efeito da ideologia e da sociedade. Produtores de signos, os alunos surdos e os alunos ouvintes, revelam as condições sociais presentes e esses símbolos – representação espacial – são portadores de histórias sociais.

A paisagem semiótica apresentada nesse ambiente educacional promove pouca interação entre os alunos surdos e os ouvintes. Apoio-me em Pimenta (2001) para ressaltar os diferentes tipos de posição, numa sala de aula, e suas possíveis representações.

a) Filas simétricas (verticais)

SIGNIFICANTES	SIGNIFICADOS
Proximidade/distância média Imposição rígida da divisão do espaço	+ disciplina + docilidade + poder + autoridade - intimidade

b) Filas não simétricas (carteiras viradas para a esquerda ou direita)

SIGNIFICANTES	SIGNIFICADOS
Não simetria Maior aproximação entre alunos Menor aproximação com o professor Posicionar contrário às regras	+ solidariedade/intimidade (alunos) + poder/defesa (alunos) Revela a autoridade da instituição desigual Desafio ao poder da instituição Desigualdade de gênero e em relação a outros aspectos sociais, históricos e culturais

Neste aspecto, os alunos surdos demonstram estarem submetidos às regras impostas – sala de aula inclusiva – ao modelo tradicional de sala de aula (PIMENTA, 2001). Assim, alunos mais obedientes, mais controlados, mais dóceis e com menor intimidade entre os colegas surdos e ouvintes. Menor proximidade com o professor e reportando sempre ao ILS.

Por outro lado, no próprio contexto da sala pesquisada, estão os alunos ouvintes, determinando seus modos de ocupar o espaço. A forma de ocupação caracteriza-se por contrariar regras, desafiar a instituição, maior interação entre os alunos ouvintes e maior proximidade com o professor.

A justificativa apresentada pela escola[4] para essa forma de organização espacial da sala de aula, predominantemente em fileiras, apoia-se, principalmente, na necessidade de proporcionar um uso espaço-visual da Língua de Sinais, necessário para a comunicação entre os alunos surdos e o ILS. Isso significa que os surdos necessitam de locais que sofram menor interferência visual, para que possam acompanhar todas as interpretações das aulas dos professores.

A forma de organização da sala em fileiras é criticada por alguns especialistas, pois argumenta-se que essa organização impede a interação direta e imediata entre os alunos, pois carteira atrás de carteira inviabiliza as trocas conversacionais dos participantes na sala de aula (RODRIGUES, 2008). Assim, uma estruturação de espaço imposta pela instituição a todos os envolvidos na interação comunica o texto determinado da instituição, significado de poder.

3.2. A "voz" dos alunos surdos

Contudo, também cabe refletir que essa organização física da sala de aula, com destaque para a posição frontal do ILS diante dos alunos surdos, ao mesmo tempo que define um lugar de significado dos surdos no ambiente escolar, reforça a condição de estarem subordinados a uma estrutura social e educativa predominantemente *oralista*, impossibilitando que nesse lugar ocorram outras formas de trocas de conhecimento com outro surdo e/ou aluno ouvinte.

Para o momento deste capítulo, em especial, faz-se necessário elucidar o posicionamento dos alunos surdos para, assim, esclarecer e dar a possibilidade de refletir quanto às perspectivas de contexto social e cultural. Uma vez que os tipos de discurso estão relacionados a estruturas sociais e a instituições sociais, aos papéis sociais que o indivíduo desempenha, o indivíduo é aquilo que ele faz, é a sua ação (PIMENTA, 2001).

Dessa maneira, com base na observação em sala de aula e de um maior contato com os alunos surdos, foram realizadas duas entrevistas coletivas, semidirigidas,

[4] Conversa informal com a direção da escola.

com duração de aproximadamente 50 minutos, e vários aspectos foram levantados pelos alunos surdos. Pontuo, a seguir, alguns deles.

- Não concordam com uma escola que tenha alunos surdos e ouvintes, pois, para eles, a escola para surdos é melhor, uma vez que eles podem ter mais interação com o professor, que passa a estar em contato direto com a turma e a desenvolver uma dinâmica voltada para eles especificamente.
- Reclamam que os ouvintes atrapalham as aulas, pois conversam muito e o professor sempre tem de interromper as aulas para chamar a atenção.
- Os surdos são diferentes na presença de um professor: são mais silenciosos e prestam mais atenção. Somente quando o professor sai da sala é que eles começam a conversar.
- Os alunos ouvintes não se aproximaram.
- Acham os alunos ouvintes pouco educados: os surdos consideram errado o jeito que os ouvintes tratam os professores. As alunas ouvintes são as que mais se aproximam deles, para pedir que as ensinem a sinalizar expressões que correspondam a cumprimentos cordiais. Depois, elas afastam.
- Questionados sobre o espaço demarcado na sala de aula que os separa dos alunos ouvintes, inicialmente riram, afirmando depoise saber da existência desse espaço. Manifestaram também que isso não tem importância para eles, pois se colocam abertos, deixando que o movimento de aproximação e/ou de afastamento seja feito pelos alunos ouvintes.

Nota-se que existe, por parte dos alunos entrevistados, insatisfação em frequentar escola inclusiva. No relato é possível identificar que os modos de ocupação e se significar no ambiente educacional diferencia entre os alunos surdos e ouvintes. Mesmo com línguas distintas e com modalidade funcional diferenciada, elas não circulam, confortavelmente, na sala de aula. Assim, confirma-se que a paisagem semiótica, dessa sala de aula, também está representada nos discursos dos alunos surdos.

Além da caracterização espacial da sala de aula, chamou-me muito a atenção como os sujeitos – alunos, professor e ILS – se mostravam identificados com essa organização e com o seu lugar de pertencimento, pois em nenhum momento ela foi alterada com a finalidade de promover a interação entre os dois diferentes grupos de alunos.

Em circunstância, os processos de significação, a partir do ambiente social, fazem sentido e com seus respectivos potenciais estão fortemente orientados pelo significado social e cultural. Para a semiótica social, o foco da análise deve estar no arranjo espacial e no discurso; nos modos que estão representados. Apoio-me em Pimenta (2001), novamente, para apontar que os modos semióticos de representação têm igual força de comunicação e, portanto, seu entendimento é importante para melhor compreender o que, efetivamente, se passa numa sala de aula inclusiva e bilíngue.

4. CONSIDERAÇÕES FINAIS

Orientada pelas primícias da semiótica social, posso dizer que os indivíduos tornam-se ao mesmo tempo usuários e (re)produtores do sistema de representação a partir de suas histórias sociais e culturais, posições de sujeitos, disposições afetivas e seus interesses no momento da produção de signo.

Na sala de aula pesquisada, em específico, as relações sociais entre os grupos de alunos surdos e alunos ouvintes ocupam e estabelecem proximidades apenas com os seus pares linguísticos. As construções interativas que promoviam o aprendizado eram operadas apenas por uma língua oral, língua portuguesa, e a Língua de Sinais disponibilizava-se apenas para minimizar as barreiras comunicativas.

Adotando Kress (2010), finaliza-se com a afirmação de que, com os signos, pode-se compreender uma indicação do interesse do usuário e sua relação específica com o mundo em questão; uma indicação da sua experiência e interesse dentro do contexto social. Desta forma, os signos representam os critérios, os princípios, o interesse, do que e de quem o realizou. Ao fazer isso, eles nos dão uma visão sobre a subjetividade do comunicante, da configuração discursiva dessa sala de aula.

REFERÊNCIAS

BORTONI-RICARDO, S. M.; DETTONI, R. V. Diversidades linguísticas e desigualdades sociais: aplicando a pedagogia culturalmente sensível. In: COX, M. I. P.; ASSIS-PETERSON, A. A. (Org.). *Cenas de sala de aula*. Campinas: Mercado de Letras, 2001.

BOURDIEU, P. *A economia das trocas simbólicas*: o que falar quer dizer. Tradução de Sergio Miceli. São Paulo: Edusp, 1998.

CAMERON, D. Situations and Events: the Ethonography of Speaking. In: ______. *Working with Spoken Discourse*. London: Sage, 2001 (p. 53 a 67)

CASTANHEIRA, M. L. *Aprendizagem contextualizada*: discurso e inclusão na sala de aula. Belo Horizonte: CEALE; Autêntica, 2004.

FRANK, C. *Ethnographic Eyes*. A teacher's guide to classroom observation. Los Angeles: Heinemann, 1999.

GOFFMAN, E. Footing. Tradução de Beatriz Fontana. In: RIBEIRO, B. T.; GARCEZ, P. (Org.). *Sociolinguística interacional*. São Paulo: Editora Loyola, 2002. p. 107-148.

GREEN, J. L. A etnografia como uma lógica de investigação. *Educação em Revista*, Belo Horizonte, v. 2, p. 13-79, 2005.

KRESS, G. A Social-Semiotic Theory of Multimodality. In: KRESS, G. Multimodality: a Social Semiotic Approach to Contemporary Communication. NY, London: Routledge, 2010.

MIRANDA, D. G. *As Mediações Linguísticas do Intérprete de Língua de Sinais na Sala de aula Inclusiva*. Dissertação de Mestrado. FAE/UFMG, ago. 2010.

MORTIMER, E. F.; MACHADO, A. H. Elaboração de conflitos e anomalias em sala de aula. In: MORTIMER, E. F.; SMOLKA, A. L. B. (Org.). *Linguagem, cultura e cognição*: reflexões para o ensino e a sala de aula. Belo Horizonte. Autêntica, 2001.

MOTTA-ROTH, D.; HEBERLE, V. M. O conceito de estrutura potencial do gênero de Ruqayia Hasan. In: MEURER, J. L; BONINI, A.; MOTTA-ROTH, D. *Gêneros – teorias, métodos, debates*. São Paulo: Parábola, 2005.

PERRENOUD, P. *Práticas pedagógicas, profissão docente e formação* – perspectivas sociológicas. Lisboa: Nova Enciclopédia, 1993.

PIMENTA, S. A. A semiótica social e a semiótica do discurso de Kress. In: MAGALHÃES, C. *Reflexões sobre a análise crítica do discurso*. Belo Horizonte: FALE/POSLIN/UFMG, 2001. p. 185-206.

RODRIGUES, C. H. *Situações de incompreensão vivenciadas por professor ouvinte e alunos surdos na sala de aula*: processos interpretativos e oportunidades de aprendizagem. 2008. Dissertação (Mestrado em Educação) – Faculdade de Educação, Universidade Federal de Minas Gerais, Belo Horizonte, 2008.

SIROTA, R. A sala de aula: um objeto de estudo sociológico? *Revue Française de Pédagogie*, n. 80, jul./set. Université de Lyon. Lyon. França. 1987.

SOARES, M. *Letramento*: um tema em três gêneros. Belo Horizonte: Autêntica. 2001a.

SOARES, Magda. Diversidade linguística e pensamento. In: MORTIMER, E. F.; SMOLKA, A. L. B. (Org.). *Linguagem, cultura e cognição*: reflexões para o ensino e a sala de aula. Belo Horizonte: Autêntica, 2001b.

CONTRIBUIÇÕES DA VISÃO SOCIOSSEMIÓTICA DA LINGUAGEM E DA MULTIMODALIDADE COMO APOIO À EDUCAÇÃO LINGUÍSTICA DE SURDOS

Renato Caixeta da Silva

1. INTRODUÇÃO

Este capítulo tem como objetivo apresentar contribuições possíveis para pesquisas e ações relacionadas ao ensino e à aprendizagem de línguas para e pelos surdos no ambiente escolar brasileiro, tratando de questões relativas à noção de língua e linguagem, aos entendimentos sobre contextos (HALLIDAY; HASAN, 1989; HALLIDAY; MATHIESSEN, 2004) e ao entendimento da multimodalidade na perspectiva sociossemiótica (KRESS, 2010).

A proposta leva em consideração que a educação linguística de surdos envolve diferentes modos de significar e comunicar (língua oral, língua escrita, imagens e língua de sinais). Nesse sentido, são apresentadas argumentações em favor de uma educação linguística para surdos baseada em tal diferença, o que torna o ensino e a aprendizagem de línguas dessas pessoas bem distinta do que normalmente é praticado nas escolas regulares para pessoas ouvintes.

Em seguida, apresenta-se a situação dos surdos na educação brasileira considerando a Lei 10.436/02, que institui a Libras como língua natural, um direito embora nem sempre usufruído pelos surdos na família e na escola, e o decreto 5.626/05, que regulamenta a referida lei. Em segundo lugar, apresentam-se as premissas teóricas da linguística sistêmico-funcional, que sistematiza uma perspectiva sociossemiótica de linguagem, e da visão de multimodalidade com base nesta teoria. Em um terceiro momento, recomenda-se sugestões de prática e de pesquisa embasadas que podem ajudar na educação linguística de surdos em escolas brasileiras.

2. A EDUCAÇÃO LINGUÍSTICA DE SURDOS NO BRASIL

A educação formal de surdos no Brasil tem vivenciado as mudanças de filosofias educacionais, passando pelo oralismo, pela comunicação total e pelo bilinguismo.

Freitas (2018) apresenta uma síntese dessas filosofias, esclarecendo que o oralismo visa à reabilitação do surdo, reintegrando-o ao mundo falado e ouvido, que seria o espaço da "normalidade". Percebe-se nisso o entendimento da surdez como deficiência a ser sanada e a consideração da língua oral como hegemônica, cujo domínio (ainda que parcial) seria necessário para integração social do surdo. A autora ainda explica que a comunicação total surge a partir da percepção de que técnicas oralistas, apenas, não eram suficientes para bom aproveitamento escolar dos surdos. Assim, a ideia de comunicação total procura promover a comunicação entre surdos e ouvintes e entre surdos e surdos, valorizando também recursos visuais, espaciais e manuais de interação, além dos orais. Entretanto, a ênfase ainda recai muitas vezes na língua oral, e a língua de sinais não adquire status semelhante. Já o bilinguismo, segundo ainda Freitas e também Melo, Luna e Ribeiro (2015), é uma filosofia educacional fruto de defesas da comunidade surda em prol da valorização da língua de sinais, principalmente nas escolas, como meio de instrução e acesso ao conhecimento. Aí está a visão de que a língua de sinais é entendida como primeira língua dos surdos, que também têm direito de aprender e usar a língua oficial do país na modalidade escrita (no caso do Brasil, o português escrito) – daí o bilinguismo.

Essa visão de educação bilíngue está expressa na Lei 10.436/02, de 24/04/2002, que reconhece a Língua Brasileira de Sinais (Libras) como "meio legal de comunicação e expressão", sistema linguístico de natureza visual e motora, de estrutura própria e que é usada pela comunidade surda brasileira para expressar ideias e fatos. A mesma lei prevê a garantia de inclusão do ensino de Libras em cursos de formação em fonoaudiologia e para exercício do magistério em seus níveis médio e superior.

Tal lei é regulamentada pelo Decreto 5.626/05, de 22/12/2005, que institui a obrigatoriedade do ensino de Libras nos cursos de formação docente nos sistemas de ensino do país. Em janeiro de 2019, por meio do Decreto 9.645/19, de 02/01/2019, cria-se no MEC a Diretoria de Políticas de Educação Bilíngue de Surdos que, entre suas competências, deve implementar uma política de educação bilíngue em que se considerem a Língua Brasileira de Sinais como Língua 1 dos surdos e a Língua Portuguesa escrita como Língua 2, fomentando a criação de escolas bilíngues, promovendo formação docente pertinente e executando ações relativas à elaboração de materiais didáticos, ao fortalecimento das instituições bilíngues, à garantia de acesso por parte dos surdos e à elaboração de diretrizes voltadas para a educação bilíngue.

Nos últimos anos, a sociedade brasileira parece ter dado à comunidade surda os direitos pelos quais lutaram, incentivando o ensino de Libras e a formação de instrutores/intérpretes, inserindo-os em contextos diversos, inclusive educacionais, como se isso fosse suficiente para a formação de pessoas surdas. Freitas (2018) aponta que, por outro lado, não parece ter havido interesse pelo ensino de português escrito aos surdos, sendo ainda realidade das escolas que alunos surdos, provenientes de famílias ouvintes, cheguem para o ensino fundamental com 6 anos de idade sem nenhum contato com a língua de sinais, tampouco com o português. Também não houve e não tem havido capacitação suficiente em quantidade e qualidade de professores regentes, seja no conhecimento de Libras, seja no conhecimento e desenvolvimento de metodologias próprias para o ensino de surdos.

Em escolas públicas e particulares, nos mais diversos níveis e geralmente por desconhecimento dos pais ouvintes, há defesas e práticas baseadas no oralismo. Os intérpretes nas aulas são muitas vezes a referência do aluno surdo, que pouco aprende via o professor regente em salas de inclusão com maioria ouvinte. Assim, é notório o despreparo das escolas e de seus profissionais, em geral, para a situação de uma educação linguística de surdos que contemple o respeito pela língua de sinais e a sua aquisição, bem como contemple o uso do português escrito e outras línguas nesta modalidade como forma de acesso às práticas letradas comuns na sociedade brasileira. Entende-se aqui que incluir, de fato, vai muito além da simples alocação do aluno em escolas em que a maioria seja considerada "normal". Essa alocação não se configura inclusão se não se tem recursos apropriados, formação docente para saber lidar com as especificidades materiais e práticas, teoricamente embasadas, e também se não se quebrarem as rígidas estruturas de uma educação tradicional dominante ancorada em uma língua dominante e de caráter hegemônico.

Com essa situação, alunos surdos que aprendem Libras recorrem a ela apenas e muitas vezes não aprendem português. Sendo assim, esses alunos não se incluem em práticas de letramento como os demais brasileiros, não têm as mesmas oportunidades de acesso. Não tendo também conhecimento de outras línguas nas habilidades de leitura e escrita, não conseguem participar de práticas sociais em que tais línguas sejam requeridas, como acesso a informações via Internet, por exemplo, provas de concurso público, entendimento de estrangeirismos em português. Por isso, defende-se aqui que uma visão teórica de língua e linguagem que considere essa diferença de códigos e que entenda o uso da língua/linguagem em sociedade como prática social pode ajudar a minimizar os problemas, na medida em que pode trazer contribuições para embasar pesquisas e práticas pedagógicas considerando as diferenças e especialidades desses códigos e as especificidades dos momentos da educação linguística de surdos. Eis o que se apresenta adiante.

3. LINGUÍSTICA SISTÊMICO-FUNCIONAL, A VISÃO SOCIOSSEMIÓTICA DA LINGUAGEM E O CONCEITO DE MULTIMODALIDADE

A teoria sociossemiótica da linguagem vem se desenvolvendo nos estudos linguísticos desde a década de 1970. O linguista Michael K. Halliday e muitos adeptos de sua teoria defendem uma visão de língua e linguagem de cunho funcionalista, pela qual se entende que a língua e a linguagem humana devem ser estudadas a partir de seu uso na sociedade. Segundo Halliday, usamos essa faculdade humana – a linguagem – para construir significados (daí "semiótica") e tais significados são construídos pelos seres humanos à medida que vivenciam o uso da língua e/ou da linguagem em geral de acordo com o meio social em que se inserem (daí "social"). Para Halliday (HALLIDAY; HASAN, 1989), a língua é entendida como algo natural ao ser humano e não algo inventado; a língua é um modo próprio de expressão, composta por sistemas nos quais se fazem escolhas visando a criação de significados (daí o termo "sistêmico"). Assim, na perspectiva sociossemiótica, entende-se que os significados são construídos a partir de escolhas no sistema linguístico (que é um sistema semiótico) orientadas pelo contexto social.

A língua, por sua vez, constitui-se dos estratos de conteúdo e de expressão. A expressão envolve os aspectos fonéticos e fonológicos de línguas orais ou grafológicos de línguas escritas, e no caso de Libras envolveria os sinais, expressões faciais e posicionamentos espaciais produzidos no momento de interação e comunicação. O conteúdo divide-se em léxico-gramática, que envolve palavras e sistemas estruturantes em línguas como português, e em Libras, as possibilidades de sinais e suas articulações. A semântica do discurso, estrato mais abstrato de conteúdo, envolve a criação dos significados que serão materializados pelas escolhas na léxico-gramática e no âmbito da expressão.

Assim, o signo linguístico não é entendido como uma junção arbitrária de significante e significado, pois os significantes são escolhidos nos sistemas semióticos para a construção de significados dependendo dos interesses e do posicionamento social do criador de significados (KRESS, 2010). O que leva ao entendimento de que o uso da linguagem é uma prática social e de que a teoria pretende uma explicação de fenômenos da comunicação humana, além do sistema linguístico (BARBARA, 2008).

Construir significados, então, é a função primordial da linguagem e da língua, e esses significados estão ligados diretamente aos seus usos próprios (daí "funcional"), daquilo a que servem, o que na teoria é chamado de metafunções (HALLIDAY; HASAN, 1989). Os seres humanos usam a língua ou a linguagem em geral para representar e construir as suas experiências internas (psíquicas) e externas (sociais) decorrentes de sua inserção no mundo circundante: eis a metafunção ideacional. Ao mesmo tempo, usam a língua ou a linguagem para estabelecerem relações entre si, um influenciar o outro, e essa é a metafunção interpessoal. Para representar o mundo e estabelecer relações com seus semelhantes, o ser humano constrói e organiza mensagens e isso acontece com e pela língua ou linguagem, assim tem-se a metafunção textual. Sintetizando, o homem constrói mensagens para expressar suas experiências e ao mesmo tempo interagir. É importante dizer que uma metafunção não é mais importante ou proeminente que outras, todas acontecem ao mesmo tempo (SILVA, 2016) e são igualmente importantes; não tem como uma acontecer e as outras, não.

Nessa perspectiva teórica, é importante, também, a noção de texto:

> o texto como unidade fundamental, a partir da constatação facilmente verificável, de que este é a unidade de comunicação em qualquer evento discursivo. Ou seja, encarado, na sua dimensão comunicativa, como linguagem que é funcional, o texto é o resultado de toda e qualquer situação de interacção, isto é, é ele próprio a forma linguística de interacção social, uma unidade de uso linguístico. [...] É ainda uma colecção harmoniosa de significados apropriados ao seu contexto, com um objectivo comunicativo. (GOUVEIA, 2009, p. 18)

Como já dito, os usos da língua e da linguagem, em geral, acontecem com base no contexto social, e este pode ser entendido como que cindido entre contexto de situação e contexto de cultura. O primeiro é o ambiente mais imediato em que o uso da língua ou da linguagem ocorre. Esse contexto pode ser entendido como a junção de três variáveis que o caracterizam: o campo, que se refere ao conteúdo do que se diz ou se expressa; as relações, as quais dependem da posição hierárquica e sociopolítica dos usuários envolvidos; e o modo, ou seja, o papel que a língua ou a linguagem assume naquele momento de uso, e o canal utilizado. Percebe-se que essas variáveis estão diretamente relacionadas às metafunções apresentadas anteriormente, o que pode ser demonstrado pelo esquema a seguir (Figura 1):

Figura 1: Contexto de situação e as funções da linguagem na perspectiva da linguística sistêmico-funcional.

Contexto de situação	**Língua / Linguagem**
campo	metafunção ideacional
relações	metafunção interpessoal
modo	metafunção textual

Fonte: Elaboração do autor com base nos autores consultados.

O contexto de cultura, por sua vez, diz respeito a práticas amplas relativas a países, etnias e práticas sociais institucionalizadas, como família, escola, justiça, diferentes profissões (FUZER; CABRAL, 2014). Trata-se de um ambiente que inclui diferentes contextos de situação (MOTTA-ROTH; HEBERLE, 2005). Exemplo disso é o contexto de cultura educacional, no qual podem ser encontradas diferentes situações como a aula, a reunião de docentes, a reunião de pais e mestres, o momento de avaliação.

No contexto de cultura (macro), de acordo com a situação (contexto micro), diferentes usos da língua ou da linguagem acontecem, e quando as pessoas usam a linguagem para propósitos semelhantes, tem-se aí o que se entende por gênero – definido como uso organizado da linguagem para atingimento de propósito social, de maneira a organizar a vida em sociedade. Considerando o exemplo acima, pode-se dizer que na cultura educacional, usos da língua ou da linguagem ocorrem de modo a organizar a vida naquele contexto e decorrem das diferentes situações ali vivenciadas: a aula, a prova, o relatório, o boletim, o livro didático, a conversa paralela em sala de aula, e outros. O esquema apresentado pode ser assim ampliado (Figura 2):

Figura 2: Contextos de cultura e de situação e as funções da linguagem na perspectiva da linguística sistêmico-funcional.

Contexto de cultura	Contexto de situação	Língua / Linguagem
	campo	metafunção ideacional
gêneros	relações	metafunção interpessoal
	modo	metafunção textual

Fonte: Elaboração do autor com base nos autores consultados.

A linguagem humana engloba diferentes formas de expressão, o que significa dizer que essa vertente de estudos linguísticos tem abertura para a consideração de outros modos – línguas faladas e escritas, línguas de sinais, música, dança, imagens. É a consideração do fenômeno denominado multimodalidade, isto é, o fato de que o ser humano utiliza diferentes modos de e para criar e comunicar significados. Em outras palavras, a consideração de que recursos semióticos pertencentes a vários modos coexistem nos diferentes usos da linguagem humana – nos diferentes textos – podendo ser verbal, gestual, visual, espacial (KRESS; VAN LEEUWEN, 2001; VAN LEEUWEN, 2005).

Pode-se dizer que a multimodalidade é um fenômeno que existe desde que o ser humano iniciou sua incursão nos sistemas semióticos. Sempre, o homem utilizou diferentes modos de produzir significados – sons (fala, instrumentos de sons), escrita (cuneiforme ou alfabética, por exemplo), imagens (pinturas diversas, desenhos, fotografias, imagens em movimento), organização espacial (teatros, templos, moradias), cores, gestos. Os significados são expressos de maneiras distintas por modos diferentes, dependendo da inserção do ser humano na cultura a que pertence e dos recursos tecnológicos disponíveis. Por exemplo, biólogos nos séculos XVIII e XIX registraram as espécies que observavam ou encontravam com desenhos que pretendiam ser fiéis ao que se via. Mais tarde, com câmeras fotográficas, podiam registrar com imagens mais fiéis, ainda que em preto e branco; depois, tornou-se possível em cores, mas ainda dependente do papel para visualização. Atualmente, com a tecnologia digital, a reprodução é instantânea à captação da imagem e é possível fazê-la circular via tela rapidamente sem revelação em papel. Assim, novos significados também podem ser criados com novos recursos tecnológicos, mas não necessariamente se tem um modo novo de significar.

Diversos estudiosos têm adotado essa visão sociossemiótica de linguagem no entendimento e na descrição de vários códigos semióticos. Kress e van Leeuwen criaram, em 1996, a gramática do design visual, descrevendo em termos ideacionais (ou representacionais), interpessoais (ou interacionais) e textuais (ou composicionais) o uso das imagens no mundo contemporâneo ocidental. Os autores acreditam que a comunicação visual deve ser cada vez menos um conhecimento restrito a especialistas, sendo cada vez mais crucial que esteja no domínio mais popular (KRESS; VAN LEEUWEN, 2001). Eles acreditam e demonstram que os pressupostos da linguística sistêmico-funcional podem apoiar tal empreitada, pois partem da premissa de que os significados estão na cultura e não no código. Com isso, um significado expresso em palavras pode também ser expresso visualmente, simultaneamente ou não.

Tipografia e cores também são sistemas semióticos estudados por Van Leeuwen, como demonstra Carvalho (2013). A autora explica que a cor é um modo constituído de pigmentações e escalas que são usadas a fim de expressar sentimentos, comunicar ideias e promover a interação social. Portanto, a cor tem significados (usos) potenciais os quais devem ser entendidos em contexto. Já a tipografia, ainda de acordo Carvalho (2013), é consoante ao propósito comunicativo de um texto escrito e pode influenciar o leitor. Ao mesmo tempo, indica uma identidade, pode representar ideias e razões (caráter ideacional), pode ser usada para provocar o leitor ou persuadi-lo (caráter interpessoal) e ainda pode demarcar unidades de sentido com semelhanças e diferenças exploradas adequadamente (caráter textual).

Pimenta (2001), por sua vez, utiliza conceitos da visão sociossemiótica da linguagem para analisar a postura de alunos e o posicionamento das carteiras, mostrando que a organização espacial demonstra atitudes de caráter interpessoal: mais atenção, desatenção, motivação, desmotivação, afronta. O estudo mostra como a organização espacial é um código de significação e como a organização tradicional de carteiras em fileiras numa sala de aula reproduz significados relacionados a mais obediência, menos conversas, menos discussão, mais foco, mais dominação.

Por fim, o trabalho de van Leeuwen (2005) mostra como os conceitos e as ideias da visão sociossemiótica da linguagem implica em entendimentos sobre as várias maneiras de produzir significados. O autor utiliza exemplos dos mais diferentes modos semióticos, mostrando a sua aplicabilidade no design de ambientes, de produtos, na comunicação visual, na língua escrita e na música.

Essas são as premissas básicas da visão sociossemiótica da linguagem preconizada por Halliday e que orientam a linguística sistêmico-funcional e os estudos de multimodalidade atuais. Apresentam-se, a seguir, algumas contribuições que essa teoria pode trazer para a educação linguística de surdos.

4. CONTRIBUIÇÕES PARA A EDUCAÇÃO LINGUÍSTICA DE SURDOS, EM PESQUISAS E NA PRÁTICA

A visão de língua e de linguagem apresentada tem caráter teórico e aplicado. A consideração de ambos os aspectos ajuda no entendimento das contribuições defendidas.

Em termos teóricos, entende-se que a linguística sistêmico-funcional pode ser útil nos estudos sobre a Língua Brasileira de Sinais e seus usos. Da mesma forma que Halliday propõe a descrição do inglês, Fuzer e Cabral (2014) descrevem o português, Kress e van Leeuwen (2001) descrevem a comunicação visual, e entende-se que a Libras pode ser descrita nos moldes dessa teoria. Estudos descritivos dessa natureza podem ajudar a entender o funcionamento do código e do modo em questão, e com isso se pode melhor entender como o pensamento e os significados são construídos pelos surdos inseridos em sua comunidade. Também, pela descrição da Libras, pode-se chegar a entender melhor a cultura surda e as situações de uso do código pelos surdos, pois, de acordo com a teoria, pelo uso da língua se chega ao contexto e vice-versa, como mostram as setas duplas nas Figuras 1 e 2.

Entendendo a língua a partir de textos como se propõe nessa visão, pode-se compreender como os gêneros discursivos se constroem nela, se são específicos da cultura surda ou apenas diferentes. Com isso, é possível mapear essa cultura. Assim, com o entendimento do contexto de cultura e de como os gêneros são materializados em Libras, pode-se prever melhor as dificuldades e as facilidades de um aluno surdo no aprendizado de outra língua. Afinal, segundo adeptos da teoria sistêmico-funcional da linguagem, gênero é atividade social organizada em estágios, com propósitos, e as pessoas se engajam nessa atividade, organizando suas vidas, por pertencerem a uma cultura (MARTIN; ROSE, 2006).

A consideração do fenômeno da multimodalidade possibilita também melhor entendimento das variações linguísticas de Libras, do entendimento dos ambientes e das organizações espaciais e visuais dos momentos de ensino e de aprendizagem, dos momentos de conversa, de posicionamentos em locais e na sociedade em geral. Em suma, pode ajudar em pesquisas que permitam entender a inserção do surdo na sociedade e propor ações que sejam condizentes com sua situação. Por exemplo, mencionar a organização espacial de salas de aula em que há alunos surdos. Nesses casos, como há um código que precisa ser visto para ser compreendido, a sala de aula não pode ser em fileiras, em que se ouve o que os outros alunos dizem, mas nem sempre se vê o que sinalizam. Numa sala de aula com surdos, acredita-se, a sala de aula deve ser organizada de modo que todos possam se ver.

Em se tratando de prática de ensino de português escrito e de outras línguas para usuários de Libras, pode-se proporcionar empoderamento do surdo tendo em vista as habilidades de leitura e escrita, igualando-se em conhecimento desse código na modalidade escrita aos usuários ouvintes. As diferenças entre os modos (Libras, visual e espacial; e português oral e escrito) precisam ser levadas em conta. E se se pensar em empoderamento pelo uso da língua aprendida nas práticas sociais que devem ser comuns a todo cidadão, o ensino e a aprendizagem também devem considerar o uso da língua mais que a estrutura linguística. Este é o caráter funcionalista da linguagem: *o que* e *como* fazer com a língua mais do que o *como* é a língua. Assim, o surdo deve saber ler e escrever textos como os usuários falantes. E isso pode ser aplicado também ao ensino da escrita a alunos ouvintes.

Essa consideração da funcionalidade do português ou de outra língua, mais que a metalinguagem sobre o sistema linguístico, pode proporcionar o caráter agentivo do emissor e do receptor de mensagens em diferentes códigos com o intuito de fazer com que o próprio aluno, por meio da língua em aprendizagem, represente/construa o mundo e as experiências (ideacional), estabeleça relações (interpessoal), componha e organize mensagens (textual). Ter isso em mente parece ser fundamental para o professor de língua portuguesa ou de qualquer outra língua. Seria o entendimento da razão de se aprender a língua, o que fazer com ela. Isso também é fundamental para o aluno.

Levando-se em conta que a comunicação depende de interpretações dos participantes do processo, que há um caráter transformativo inerente ao engajamento no processo, considerar a especificidade de ensino de português ou outras línguas para surdos é fazê-los engajarem-se no processo de uso da língua aprendida.

É preciso pensar, nos momentos de ensino, no fenômeno da multimodalidade ali presente, considerando a independência dos modos, embora convivam no mesmo lugar. Há o envolvimento de diferentes modos de criar e comunicar significados em sala de aula e no processo de ensinar, e com o surdo não é diferente. Mas talvez com ele o fenômeno fique mais evidente, pois não se pode apelar para o uso da língua oral em explicações de vocabulário, regras ou na alfabetização, como costumeiramente acontece em aulas de português como língua materna. Acredita-se, e defende-se aqui, no uso consciente das imagens nesses momentos de ensinar outra língua, como elas têm sido usadas costumeiramente no ensino de línguas estrangeiras. Mais que ensino bilíngue, talvez se possa falar em educação linguística multimodal. A convivência do português com a Libras implica em modalidades diferentes, o que por si já são, e também na presença de outro(s) intermediador(s), como a imagem. É preciso ter cuidado e não entender isso como a junção das duas línguas em processo de tradução do texto escrito para Libras em imagens em movimento (vídeos). Essa tradução, se não for bem usada, pode ser prejudicial por acabar sendo o recurso usado para conversar e entender enunciados, por exemplo, e não se lê em português, ou não se escreve em português, substituindo essa língua a ser aprendida pela Libras.

O apelo ao visual nesse caso revela a visão de modo e de amplitude dos processos de significação e de comunicação (KRESS, 2010). Os materiais e as técnicas usadas para ensinar surdos podem ser planejados e projetados a partir de apelos outros que não o linguístico na modalidade oral. É a consideração e a conscientização, por parte dos agentes envolvidos (autores e editores de materiais, professores, gestores, pesquisadores), de que a aquisição da língua escrita não depende necessariamente da língua oral. Mas ela pode ser muito beneficiada com o uso do modo visual, do espacial e do apelo à própria Libras (o gestual). Sobre isso, Freitas (2018) traz experiências e reflexões a respeito.

Para melhor aproveitamento, é preciso conscientização por parte dos agentes envolvidos dos aspectos específicos dos diferentes modos, sobretudo o visual. Que cores usar, desenhos ou fotografias, que sinais gráficos (linhas, setas, formas, balões, negritos, itálicos), que fontes, tamanhos, que detalhes observar nas imagens. Essa conscientização é necessária tanto por parte dos planejadores, elaboradores de materiais didáticos, como por parte dos professores usuários e implementadores de propostas pedagógicas. Para isso, ajudam as referências mencionadas neste capítulo sobre os diferentes modos.

5. FINALIZANDO...

Entende-se que a inclusão real de surdos na sociedade como cidadãos de direito e atuantes de fato implica na educação linguística que considere suas especificidades. Essa educação linguística deve proporcionar o real aprendizado do português na modalidade escrita e outras línguas na mesma modalidade, evidenciando seu uso numa perspectiva funcionalista, sem deixar de lado a própria língua de sinais. Inclusão não se resume, portanto, a simplesmente inserir alunos surdos em salas de ouvintes com intérpretes; também não é promovida apenas traduzindo livros de português (que são escritos para ouvintes) para línguas de sinais, provocando dependência dessa e não aprendizagem daquela. Se, de fato, se pretende incluir os surdos, é preciso promover uma educação linguística que os faça agentes usuários dos códigos e modos diferentes de criar e comunicar significados. Fazê-los capazes de significar por meio das escolhas nos códigos e nos modos e, para isso, é preciso entender também sua cultura. A teoria aqui apresentada e os vários estudos baseados nela podem ser de grande ajuda para planejadores, autores, editores, professores, pesquisadores, gestores e alunos.

REFERÊNCIAS

BARBARA, L. A teoria sistêmico-funcional e o ensino. In: NININ, M. O. G.; ROMERO, T. R. S. *Linguística sistêmico-funcional como instrumento na educação.* São Carlos: Pedro e João Editores, 2008. p. 103-109.

BARBARA, L.; MACEDO, C. M. Linguística sistêmico-funcional para Análise do Discurso: um panorama introdutório. *Cadernos de Linguagem e Sociedade*, n. 10, 1, p. 89-107, 2009.

BRASIL. *Lei n. 10.436/02*. Dispõe sobre a Língua Brasileira de Sinais - Libras e dá outras providências. Brasília; 24 de abril de 2002. Disponível em: <http://www.planalto.gov.br/ccivil_03/LEIS/2002/L10436.htm>. Acesso em: 27 dez. 2018.

BRASIL. *Decreto 5.626/05*. Regulamenta a Lei n. 10.436, de 24 de abril de 2002, que dispõe sobre a Língua Brasileira de Sinais - Libras, e o art. 18 da Lei n. 10.098, de 19 de dezembro de 2000. Brasília: 22 de dezembro de 2005. Disponível em: <http://www.planalto.gov.br/ccivil_03/_Ato2004-2006/2005/Decreto/D5626.htm>. Acesso em: 27 dez. 2018.

BRASIL. *Decreto 9.465/19*. Aprova a Estrutura Regimental e o Quadro Demonstrativo dos Cargos em Comissões e das Funções de Confiança do Ministério da Educação. Brasília: D. O. U., 02/01/2019, p. 6. Disponível em: <https://www.conjur.com.br/dl/decreto-9465-janeiro-2019-ensino-militar.pdf>. Acesso em: 16 jan. 2019.

CARVALHO, F. F. A semiótica social das cores e das formas tipográficas: conceitos, categorias e aplicações. In: CARVALHO, F. F. *Temas contemporâneos em semiótica visual.* Brasília: CEPADIC, 2013. p. 49-68.

FREITAS, L. A. G. *A multimodalidade no ensino de leitura e escrita de língua portuguesa para alunos surdos no ensino fundamental*: uma proposta de material didático. 2018. Dissertação (Mestrado em Estudos de Linguagens) – Programa de Pós-Graduação em Estudos de Linguagens, CEFET-MG, Belo Horizonte, 2018.

FUZER, C.; CABRAL, S. R. S. *Introdução à gramática sistêmico-funcional em língua portuguesa.* São Paulo: Mercado de Letras, 2014.

GOUVEIA, C. Texto e gramática: uma introdução à linguística sistêmico-funcional. *Matraga*, Rio de Janeiro, v. 16, n. 24, jan./jun. 2009. Disponível em: <http://www.pgletras.uerj.br/matraga/matraga24/arqs/matraga24a01.pdf>. Acesso em: 26 dez. 2018.

HALLIDAY, M.; HASAN, R. *Language, Context and Text: Aspects of Language in Social Semiotic Perspective.* Oxford: Oxford University Press, 1989.

HALLIDAY, M. *An Introduction to Functional Grammar*. 2. ed. London: Arnold, 1994.

HALLIDAY, M.; MATHIESSEN, C. *An Introduction to Functional Grammar*. 3. ed. London: Hodder Education, 2004.

KRESS, G.; VAN LEEUWEN, T. *Reading Images: the Grammar of Visual Design*. London; New York: Routledge, 2001.

KRESS, G. Multimodality: a Social Semiotic Approach to Contemporary Communication. New York; London: Routledge, 2010.

MARTIN, J.; ROSE, D. *Genre Relations: Mapping Cultures*. London; Oakville: Equinox, 2006.

MELO, D. T. M.; LUNA, J. M. F.; RIBEIRO, V. P. Uma historiografia da educação linguística de surdos. *Revista Entrelinhas*, São Leopoldo, v. 9, n. 2, p. 137-154, jul./dez. 2015.

MOTTA-ROTH, D.; HEBERLE, V. M. O conceito de estrutura potencial de gênero de Ruqayia Hasan. In: MEURER, J. L.; BONINI, A; MOTTA-ROTH, D. (Org.). *Gêneros – teorias, métodos, debates*. São Paulo: Parábola Editorial, 2005. p. 12-28.

PIMENTA, S. A semiótica social e a semiótica do discurso de Kress. In: MAGALHÃES, C. *Reflexões sobre a análise crítica do discurso*. Belo Horizonte: FALE/ POSLIN/ UFMG, 2001. p. 185-206.

SILVA, R. C. *Livro didático de inglês: que livro é este? Discursos de produtores e usuários*. Curitiba: Appris Editora, 2016.

VAN LEEUWEN, T. *Introducing Social Semiótics*. London; New York: Routledge, 2005.

ENSINO DA LÍNGUA PORTUGUESA PARA SURDOS: DESAFIOS PARA A EDUCAÇÃO

Elidéa Lúcia Almeida Bernardino
Maria Cristina da Cunha Pereira

1. BREVE HISTÓRICO SOBRE O ENSINO DE LÍNGUA PORTUGUESA PARA SURDOS

O ensino de Língua Portuguesa (LP) para surdos perpassa uma longa história que remonta à Antiguidade, quando, assim como crianças com outras deficiências, eles eram mortos ou abandonados em asilos por terem nascido "incompletos"; ou escondidos no seio familiar, como uma forma de proteção ou por vergonha. Na verdade, até hoje, nem a família nem a sociedade estão preparados para o nascimento de uma criança deficiente. Os sonhos de continuidade da família e projetos futuros muitas vezes são desmoronados ante o desafio de se ter uma criança com deficiência.

No caso dos surdos, é uma questão ainda mais complexa, porque é por meio da linguagem que o sujeito se insere no mundo, adquire conceitos e expressa os seus pensamentos. Por esse motivo, acreditava-se (isso é passado mesmo?) que uma pessoa que não ouvia e não falava, também não pensava. Logo, não era educável, não poderia herdar bens da família, casar-se, ter cidadania, se não fosse capaz de usar a voz (SACKS, 1990). Os mais abastados deram o pontapé inicial para reverter essa situação, contratando tutores para ensinar aos filhos surdos a arte da fala. Posteriormente, surgiram aqueles que, como o abade De L'Épée, na França, optaram por observar os surdos sinalizadores e viram naquele emaranhado de "gestos" uma forma de comunicação. Daí, foi um passo para educá-los. O abade aprendeu os sinais dos surdos franceses, adicionou alguns elementos "faltosos" naquela "linguagem", como preposições, artigos e outros morfemas, e passou a ensinar francês aos surdos. Deu certo! Os considerados não educáveis foram educados, aprenderam as letras e alguns tornaram-se mestres.

Entretanto, enquanto a metodologia de De L'Épée era aplaudida por uns, outros a contestavam. Havia aqueles que continuavam pensando que o surdo deveria aprender a falar a língua da maioria. A língua oral era ensinada, principalmente em sua forma escrita, inicialmente por tutores, em ensino individualizado; depois, em classes com alunos ouvintes, tudo com cópias, cópias e mais cópias! Não se sabe de uma metodologia de ensino de língua que considerasse as especificidades dos surdos.

Estamos no século XXI e a história se repete. Ainda há aqueles que acreditam que o surdo precisa falar (oralmente). Para integrar-se na sociedade de maioria ouvinte, ele precisa dominar a língua oral do país onde vive, mesmo que seja "apenas" na modalidade escrita. Entretanto, diferentemente do que acontecia no passado, hoje o surdo tem voz. Não falamos da voz gutural, descontrolada pelo fato de a pessoa usar as cordas vocais sem conseguir ouvir-se. Falamos da voz que se expressa pelas mãos, pelo rosto e pelo corpo – a voz da sua língua de sinais! Hoje, o próprio surdo tem consciência de que necessita da língua escrita. E a sociedade continua exigindo o seu uso, em várias atividades do cotidiano: na escola, para leitura e acompanhamento dos conteúdos escolares; no trabalho, desde a compreensão de um aviso da empresa até as orientações de um colega sobre as tarefas que precisa executar; na rua, para inúmeras coisas, como leitura de placas e avisos; em casa, para compreender um simples bilhete; na igreja, no lazer... E quem consegue viver sem um smartphone? Facebook, YouTube, WhatsApp, Messenger, Instagram, Twitter e tantos outros aplicativos? Podemos até usar redes sociais sem a escrita, apenas com vídeos ou áudios, como no WhatsApp, por exemplo. Mas quem faz isso? Felizmente para nós, pesquisadores apaixonados pelas línguas de sinais, muitos surdos usam as redes de forma aberta, postando inúmeros vídeos públicos nos quais contam histórias, piadas, dão avisos, opiniões sobre o que está acontecendo no momento, tudo por meio da sua "oralidade" sinalizada. Daí, surge um farto material para pesquisas sobre a Libras. Mas a escrita sempre está presente!

O uso da Língua Brasileira de Sinais (Libras) não substitui o uso da Língua Portuguesa. Essa ideia está subjacente à Lei Federal n. 10.436 (BRASIL, 2002), documento que reconhece a Libras como meio legal de comunicação e expressão das comunidades de pessoas surdas no Brasil, e ao Decreto 5.626 (BRASIL, 2005), que garante aos surdos o direito de uma educação bilíngue, na qual a Língua Brasileira de Sinais é a primeira língua e a Língua Portuguesa, preferencialmente na modalidade escrita, a segunda.

Hoje, mais de dez anos após a homologação do Decreto 5.626, a implantação da educação bilíngue, especificamente no que diz respeito ao ensino da Língua Portuguesa como segunda língua para alunos surdos, ainda enfrenta muitas dificuldades. Refletir sobre algumas dessas dificuldades é o nosso objetivo.

2. CONCEPÇÕES DE LÍNGUA E PROPOSTAS DE ENSINO DA LÍNGUA PORTUGUESA PARA SURDOS

O ensino da Língua Portuguesa para surdos, assim como no ensino de línguas em geral, deve se fundamentar na concepção de língua que se adote.

A primeira proposta de ensino de línguas para surdos de que se tem notícia foi apresentada pelo abade de Sicard, sucessor de L'Épée, na França. Sicard acreditava que as crianças surdas poderiam aprender a construir orações de acordo com a gramática da língua francesa e desenvolveu a teoria de códigos, que constava de colunas para representar as unidades básicas das orações (MOORES, 1996). A ideia foi um sucesso e, em pouco tempo, se espalhou. Entre os séculos XVIII e XIX, muitas propostas semelhantes foram desenvolvidas para ensinar a língua escrita para surdos, principalmente nos Estados Unidos. A que se tornou mais popular na América do Sul foi a Chave de Fitzgerald, desenvolvida, em 1926, por uma professora surda, Edith Fitzgerald, com o objetivo de ensinar regras por meio das quais os estudantes surdos pudessem criar orações corretas no inglês, bem como encontrar e corrigir os próprios erros nas redações (FITZGERALD *apud* MOORES, 1996). A Chave é composta por seis colunas, cada qual com interrogações indicando as diferentes partes da oração: (a) sujeito (quem, o que?); (b) verbo; (c) objetos direto e indireto (o que, de quem?); (d) orações e palavras que se referem a "onde"; (e) outras orações e modificadores do verbo principal (para, de, como, quantas vezes); (f) orações e palavras que se referem a "quando" (SCHMITT *apud* RUSSELL *et al.*, 1976).

Na proposta da Chave de Fitzgerald, o ensino da língua para crianças surdas pequenas começaria por estruturas mais simples, como sujeito e verbo. Nos primeiros anos da escola, elas aprenderiam a construir a Chave. Novos padrões da língua seriam explicados em termos da Chave, que serviria como referência e recurso para que as crianças se autocorrigissem ao usar a língua (SCHMITT *apud* RUSSELL *et al.*, 1976).

Propostas como as de Sicard e de Fitzgerald filiam-se à concepção de língua como código, composto por um conjunto de regras que respondem pela organização dos sons, das palavras e das estruturas frasais, por meio do qual um emissor comunica mensagens a um receptor.

No ensino da língua, o foco é colocado no domínio das estruturas trabalhadas, sem a preocupação com os usos que se fazem delas. Em outras palavras, a língua é colocada fora do fluxo da comunicação verbal. O professor é visto como alguém que sabe o código e que transmite seu conhecimento ao aluno. Seu papel é, portanto, o de transmissor (PEREIRA, 2010).

Nessa concepção, o texto é visto como produto de codificação de um emissor a ser decodificado pelo leitor/ouvinte, bastando a este o conhecimento do código. A leitura se caracteriza como decodificação de mensagem e a escrita como codificação de mensagem a ser decodificada por um outro leitor. A ideia subjacente é que, conhecendo o código, o aluno poderá compreender e usar corretamente a língua.

Na educação de surdos, a adoção da concepção de língua como código resultou no ensino sistemático e padronizado de estruturas frasais da Língua Portuguesa. O professor começava com palavras e prosseguia com a utilização dessas palavras em estruturas frasais, primeiramente simples e depois, cada vez mais longas e morfossintaticamente mais complexas. Por meio de exercícios de substituição e de repetição, esperava-se que os alunos memorizassem as estruturas frasais trabalhadas e as usassem (PEREIRA, 2009).

O exemplo a seguir ilustra esse modo de ensinar a Língua Portuguesa. O professor escolhe trabalhar a estrutura frasal Sujeito–Verbo–Objeto e para isso usa a oração: *O menino ganhou uma bola*. Após solicitar que os alunos repitam a oração, o professor pede que substituam o sujeito por outras palavras, como o homem, João etc. Os alunos efetuam, então, a substituição e as orações resultantes são: *O homem ganhou uma bola*; *João ganhou uma bola*. Depois o professor sugere a substituição do verbo ganhar por outros, como comprar e pegar, e as orações ficam assim: *O menino comprou uma bola*; *O menino pegou uma bola*. Por fim, o professor propõe que os alunos substituam a palavra bola por outras, como bicicleta, blusa, e desta vez as orações resultantes são: *O menino ganhou uma bicicleta*; *O menino ganhou uma blusa*.

Após o aprendizado de frases, os alunos eram apresentados a textos inicialmente curtos, com vocabulário e estruturas frasais adaptados pelo professor de acordo com o nível linguístico dos alunos (PEREIRA, 2014).

A aplicação de propostas de ensino da Língua Portuguesa para surdos que se baseiam na concepção de língua como código teve como resultado desde o uso de frases estereotipadas até a produção de frases bem organizadas do ponto de vista sintático, às quais faltava, no entanto, criatividade (PEREIRA, 2009). Segundo Pereira (2009), embora muitos alunos chegassem a fazer uso de estruturas frasais gramaticalmente corretas, tratava-se, muitas vezes, de frases estereotipadas, usadas de forma mecânica e em contextos bastante previsíveis. Quando utilizadas em outros contextos, observava-se desorganização morfossintática acentuada: frases desestruturadas, nas quais faltavam elementos de ligação, flexões etc. Era como se os alunos aprendessem mecanicamente a língua, de fora para dentro, sem uma reflexão sobre o seu funcionamento.

A concepção de língua como código predominou no ensino da Língua Portuguesa para surdos ao longo de todo o período do oralismo. A mesma concepção de língua parece ter influenciado os primeiros cursos de Língua Brasileira de Sinais. Provavelmente motivados pela forma como foram ensinados, era comum que os professores surdos começassem pelo ensino de sinais isolados, progredindo para o uso dos sinais em frases seguindo modelo proposto pelo seu professor.

No final dos anos 1980, influenciada pelas ideias de Vygotsky e de Bakhtin, principalmente, a língua deixou de ser considerada como um sistema de que o sujeito se apropriaria para usá-la e passou a ser concebida como (re) construída na atividade de linguagem. Nessa concepção, produzir linguagem significa produzir discurso. O discurso, quando produzido, manifesta-se linguisticamente por meio do texto, considerado produto da atividade discursiva (PEREIRA, 2010). Como atividade discursiva, o foco é colocado no texto e não nos vocábulos e o objetivo deixa de ser a condução do aprendizado pelo professor e passa a ser o resultado do processo interativo entre professor, estudante e texto. Sua tarefa não é corrigir o aluno, visando à adequação morfossintática, mas ser interlocutor ou mediador entre o texto e a aprendizagem que vai se concretizando nas atividades de sala de aula (PEREIRA, 2009). Assim, a leitura não se caracteriza como decodificação de sílaba por sílaba, palavra por palavra, mas implica compreensão. A compreensão é vista como atividade interativa de produção de sentido, que se realiza com base nos elementos linguísticos presentes no texto e na sua forma de organização, mas que requer a mobilização de um vasto conjunto de saberes (PEREIRA, 2014).

Ao adotar a concepção de língua como atividade discursiva à educação de surdos, o ensino da Língua Portuguesa deixou de obedecer a padrões preestabelecidos pelo professor e passou a expor os alunos surdos a práticas discursivas. A ideia subjacente é a de que, inseridos na língua em funcionamento, os alunos vão se constituir como interlocutores, usando-a na interação com colegas e professores. A sistematização da gramática se dará mais tarde, quando os alunos já estiverem usando a língua (PEREIRA, 2009; 2010).

O objetivo no ensino da Língua Portuguesa para alunos surdos, assim como para ouvintes, deve ser a habilidade de produzir textos e não palavras e frases. Para isso é imprescindível que a escola possibilite, desde o início da escolaridade, situações de leitura, uma vez que é por meio da visão que os alunos surdos vão adquirir a Língua Portuguesa. É importante que os textos sejam autênticos e interessantes, de diferentes gêneros e tipos textuais. É tarefa do professor traduzir os textos, integral ou parcialmente, para a língua de sinais, bem como esclarecer as semelhanças e as diferenças entre a Língua Brasileira de Sinais e a Língua Portuguesa. Os alunos poderão observar, desse modo, como uma mesma ideia é expressa nas duas línguas. Essa prática serve de base para que eles formulem suas hipóteses sobre o funcionamento das duas línguas (PEREIRA, 2014).

3. ENSINO DA LÍNGUA PORTUGUESA ESCRITA COMO SEGUNDA LÍNGUA PARA ALUNOS SURDOS

A aprendizagem da Língua Portuguesa é mandatória, tanto para ouvintes como para surdos. Somos brasileiros, e o uso da Língua Portuguesa, mais do que uma obrigação imposta pela Lei, é um direito da pessoa surda. Entretanto, a ideia de que o surdo seria um "ouvinte com defeito" se perpetua na educação. O oralismo deu lugar ao uso das línguas de sinais, ao uso da Libras. Porém, o discurso da incompletude do sujeito continua na ideia de que o surdo precisa estar incluído em escolas regulares para que tenha os mesmos direitos dos ouvintes. Será? Será que a chamada educação inclusiva realmente inclui os surdos? Como a Língua Portuguesa lhes é ensinada?

O ensino da Língua Portuguesa a surdos como segunda língua já deveria ser iniciado nos primeiros anos de escolarização. A Base Nacional Comum Curricular (BNCC), um documento que vem sendo elaborado e discutido pelo MEC (BRASIL, 2016), tem caráter normativo e define o conjunto de aprendizagens que todos os estudantes devem desenvolver ao longo das etapas da educação básica. De acordo com esse documento, já na educação infantil a criança deve "comunicar-se com os colegas e os adultos, buscando compreendê-los e fazendo-se compreender", e também "comunicar suas ideias e sentimentos com desenvoltura a pessoas e grupos diversos" (BRASIL, 2016, p. 40, "Campo de experiências 'o eu, o outro e o nós'"). Entretanto, sabe-se que de 90 a 95% dos surdos vêm de famílias ouvintes que, além de não conhecerem nada sobre a Libras, não têm nenhuma orientação a respeito de educação de surdos. Sem uma língua que lhe garanta uma forma de comunicação efetiva, como o surdo poderá compreender os colegas e adultos ouvintes e, ainda, fazer-se compreender? É uma questão muito elementar, mas que tem sido negligenciada por aqueles que insistem em que os surdos devem ser incluídos nas escolas regulares.

Ao entrar para a escola, a maioria dos surdos precisa aprender a Libras ao mesmo tempo que começa a aprender a Língua Portuguesa escrita.

Há aqueles, entretanto, que são educados apenas com a língua oral, por opção ou por desconhecimento da família sobre as vantagens da Libras para o surdo. Essas crianças passam por um longo tratamento fonoaudiológico ao qual, além de muito estresse para elas e para os familiares, segue-se frustração pela demora no processo. Não poucas vezes, após vários anos de "fono" e rejeição da Libras, crianças surdas são incluídas nas escolas regulares e a escola providencia intérpretes de Libras que as acompanharão no processo.

Essa criança não precisa de um "acompanhamento"! Ela precisa de uma língua que lhe dê meios de se comunicar, de expor seus pensamentos e interagir com adultos e outras crianças à sua volta. A simples presença de um intérprete é o suficiente para incluir uma criança sem linguagem entre outras 30, 40 ouvintes? E, mais grave ainda, infelizmente, nem sempre a criança é acompanhada por uma pessoa realmente fluente em Libras!

Em 2011, um vídeo chamado "Como educar crianças surdas: escola regular ou especializada?"[1], produzido pela Assembleia Legislativa de Minas Gerais, foi disponibilizado no YouTube. Até 18/10/2018, ele tinha 69.311 visualizações. Nele, primeiramente é mostrada uma menina surda, incluída em uma classe regular com o apoio de uma intérprete de Libras. O repórter entrevista várias pessoas, perguntando sobre o assunto. É interessante destacar algumas falas[2], transcritas do vídeo original.

A professora relata, em resposta à pergunta do repórter, o que a sua aluna surda faz na sala de aula : "*Ela dança, ela faz educação física, ela passeia, faz o que tem que fazer, ela bagunça...*". [BD2] Em seguida, a mãe da criança comenta sobre uma visita a um instituto de surdos que, posteriormente, foi fechado: "*Eu achei que só preparava para o mundo deles, porque, aqui fora, se ela ficasse sentada só no mundo dos surdos... que, aqui fora, ela ia ter dificuldades*". E segue a fala da representante da Secretaria de Educação: "*Nós vamos atender a esse aluno orientando que o processo de socialização se dê, que o convívio com os colegas ouvintes seja viabilizado, que os colegas ouvintes possam também aprender a Libras, porque isso é comum nas crianças. O processo de socialização é muito rico*".

Cabem, a nosso ver, alguns comentários sobre o vídeo. O tema é como educar crianças surdas, mas na escola inclusiva, assim como na Secretaria de Educação, este parece ser outro. As pessoas entrevistadas enfocam a importância da socialização. Esquecem-se do desenvolvimento cognitivo da criança. A dança, o passeio, a bagunça, a socialização, todas essas atividades precisam ser realizadas na escola? E o processo de ensino-aprendizagem? E o ensino da leitura, do Português, Matemática, Ciências, Geografia, História, como acontece?

Uma outra mãe, que acredita que o filho precisa estudar em escola especial, fala: "*O meu filho ficou na escola* (inclusiva) *esse tempo todo, até 11 anos, e não aprendeu nada. Ele só copiava, mas o entendimento, a alfabetização não estava acontecendo. Porque ele era o único aluno surdo dentro de uma sala de 40 alunos*". Um pai também argumenta: "*Tentamos com a professora, e com a própria pessoa que era da secretaria* (de Educação), *algumas modificações para atender a necessidade dela. Falaram que iam fazer, mas não houve nada que pudesse ajudar. E acabou, ela perdeu mais um ano...*"

---

[1] Fonte: <https://www.youtube.com/watch?v=f9qYzaNhmNo>. Os textos entre aspas em itálico são transcrições do vídeo; comentários nossos, dentro das falas, estão entre parênteses. Acesso em 18/10/2018.

[2] Todos os nomes dos envolvidos foram omitidos por questões éticas.

Então, pela primeira vez, o repórter entrevista rapidamente um garoto surdo, que conta que a mãe pagava aulas particulares para ele, sem sucesso. O narrador afirma que, na escola inclusiva, o garoto estava na quinta série, mas teve de voltar para a segunda, na escola especializada, pois não conseguia acompanhar o conteúdo das aulas. Conforme a professora dele, hoje (na data do vídeo) o menino está integrado com os colegas. No entanto, ela relembra como o aluno chegou ao colégio: "*Muito triste! Triste porque ele queria aprender. Ele reclamava muito que as professoras não davam atenção pra ele*". E novamente o narrador: "*Apesar das críticas, a Secretaria de Educação mantém o propósito de que a rede estadual siga o modelo inclusivo*". E, mais uma vez, a fala da representante da Secretaria de Educação: "*Na escola especial você faz agrupamentos considerando as deficiências. Então, você exclui desse contexto da convivência, outras situações...*"

Agrupamentos? Convivência? Como é que as crianças ouvintes aprendem? Elas não interagem desde o nascimento com a família, com outras crianças? A questão mais importante é ignorada: se eles são surdos, não há uma forma de interagirem com outras crianças de modo efetivo se não tiverem uma língua! E o português oral é inacessível aos surdos! Isso é básico! E quando professores e colegas aprendem sinais isolados da Libras, estes não são suficientes para um diálogo efetivo, em que a criança possa compartilhar os seus sentimentos, compreender e ser compreendida. Os diálogos com as crianças surdas não passam de cumprimentos e frases de efeito. Raramente os colegas aprendem a Libras para interagir eficazmente com os surdos na escola inclusiva.

Esse vídeo gerou uma série de comentários. Entre eles, alguns chamam a atenção, como o de uma intérprete que relata uma situação muito frequente em Minas Gerais (que possivelmente também seja em outros estados brasileiros): "*Por que não perguntaram aos surdos (principais interessados e afetados nessa história) qual* (escola, inclusiva ou bilíngue) *eles gostam e preferem?* (...) *Infelizmente a bonita retórica de inclusão não sai do papel.* (...) *Fui colocada para ser intérprete de uma criança de 9 anos,* (...) *que não sabia Libras, consequentemente não sabia português nem oral nem escrito! E como se comunicar com essa criança? É, o discurso é belo: agora aprendam vocês japonês em uma sociedade onde todos falam alemão...*". E mais sério ainda é o fato de querer que o surdo aprenda uma língua oral sem ouvir.

Um outro comentário muito relevante é de um surdo. Já de início, ele concorda com a intérprete, afirmando que os surdos nunca são ouvidos. Após a réplica do jornalista, de que várias pessoas haviam sido ouvidas, ele contra-argumenta: "*Discordo plenamente, observa-se que TODA REPORTAGEM está completamente centrada na FALA ORAL, não dando quase nenhuma oportunidade de pessoas surdas opinarem. Assistam vocês mesmos seu próprio vídeo e observem que SOMENTE PESSOAS QUE OUVEM estão dando suas opiniões em uma reportagem cujo tema principal são os surdos e a escola Bilíngue. Vocês não procuraram nenhuma entidade de surdos para solicitar opinião.* (...) *Conforme nosso lema 'Nada sobre nós, SEM NÓS', quando falarem de surdos, PROCUREM OS SURDOS!!!* (ênfases e destaques no texto original)" É uma demanda justa, feita por alguém que não apenas se sente excluído da sociedade, mas efetivamente o é, numa inclusão de fachada.

Apesar de a Libras estar sendo usada na escola inclusiva, isso não é suficiente para que o surdo aprenda o conteúdo curricular, menos ainda quando se trata da Língua Portuguesa, que, conforme o Decreto 5.626, deveria ser ensinada como segunda língua. Isso não acontece. Não há condições de um professor ensinar a Língua Portuguesa ao mesmo tempo como primeira língua, para os ouvintes, e como segunda língua, para os surdos.

Um outro vídeo também postado por um surdo no YouTube, em 18/02/2017, já teve 16.948 visualizações (isso até 18/10/2018)[3]. Nele, Gabriel Isaac argumenta "Por que queremos Escola Bilíngue para surdos?" Ele explica que na escola bilíngue todos os alunos são surdos e a língua de instrução é a Libras, assim como a língua de interação entre os alunos. E questiona se o surdo solitário em uma sala de ouvintes estaria incluído. Na escola inclusiva, para conversar com o professor, o surdo precisa procurar um intérprete e buscar a atenção do professor. Infelizmente, a sua presença muitas vezes é ignorada. Na escola bilíngue é diferente: assim como os colegas, os professores também são bilíngues e a interação em Libras ocorre não somente entre os colegas mas também com os professores e funcionários da escola. Em nossa realidade, na maioria dos estados brasileiros, esse quadro ainda é um sonho, mas essa seria a escola ideal.

É nesse quadro ideal que argumentamos que o ensino da Língua Portuguesa para surdos seja ofertado como uma proposta de ensino de segunda língua. Embora para alguns pareça ser uma utopia, cada profissional que se depare com surdos deve se preparar para fazer a diferença. O uso da Libras nas interações é essencial,

---

[3] <https://www.youtube.com/watch?v=qZMu6RG-EDM>. Acesso em 18/10/2018.

não precisa ser mais uma vez enfatizado. Entretanto, apenas isso não basta. Há alguns fatos que devem ser considerados ao se ensinar o português como segunda língua para surdos.

Por não ouvir, o surdo não adquire muitos conceitos que são adquiridos até mesmo "sem querer", pelas crianças ouvintes. Alguém precisa ensinar para a criança ouvinte que a tia é irmã do pai ou da mãe, ou ainda que pode ser casada com um irmão de um deles?[4] Esses e outros conceitos vão sendo adquiridos aos poucos, juntando fatos, como quebra-cabeças. Quem conta para uma criança ouvinte que o "pum" pode fazer barulho? Ela sabe! Entretanto, já encontramos diversos surdos adultos que ainda não tinham consciência desses conceitos. E ainda bem pequena, uma criança ouvinte aprende que ontem foi o dia que se passou e amanhã chegará assim que ela dormir e tornar a acordar. E o anteontem é o "ontem de ontem". Mas e o surdo? Para alguns deles, "estudei" e "estudando" são coisas bem distintas e muitos não conseguem ver a relação entre esses dois tempos verbais. "Eu fui ao cinema" não parece ter nenhuma relação com "Nós fomos ao mercado", já que o verbo irregular precisa ser aprendido em suas diferentes formas. O surdo não o adquire pela frequência de uso, como o ouvinte.

Certa vez, ao trabalhar com um grupo de surdos adultos a diferença entre substantivo e verbo, por meio de exercícios de fixação sugeridos por um livro de ensino de português para estrangeiros, uma das autoras deste capítulo apresentou à classe duas frases:

- Ele saiu após dar um beijo na mãe.
- Ele saiu após beijar a mãe.

Tentando mostrar aos alunos a diferença entre "um beijo" e "beijar" que são sinalizados da mesma forma, a professora percebeu que os alunos ainda continuavam confusos. Pediu que explicassem a dúvida, o que não estava claro, tentando aprimorar a explicação. Foi então que um deles perguntou:

- — Ele beijou a mãe ou não? Como ele pode sair e (ainda assim) beijar a mãe?

---

[4] Um surdo adulto, conversando com a namorada ouvinte, esta lhe perguntou se a tia, que acabara de conhecer, era irmã do pai ou da mãe. Ele estranhou, pois nunca ninguém havia lhe explicado como se davam as relações de parentesco. Ele não tinha a menor ideia da relação de parentesco da tia com o pai ou a mãe.

Foi então que ela percebeu que o problema não era entender o que é substantivo e o que é verbo (que são conceitos complicados, mas possível de serem explicados). O problema é na ordem da frase do português. Por não entenderem o sentido da preposição "após", todos eles simplesmente ignoraram essa palavra e tentaram extrair o significado das frases:

- Ele saiu ... dar um beijo na mãe.
- Ele saiu ... beijar a mãe.

Como ele poderia ter saído e mesmo assim ter sido capaz de beijar a mãe? Então ela explicou que no português nem sempre a ordem da frase é a ordem do acontecimento dos fatos. Que a preposição "após" possibilita que seja apresentado primeiro o segundo fato e, posteriormente, o primeiro.

Dificuldade semelhante à relatada acima foi observada em um adulto surdo, com nível universitário. O médico lhe receitou um remédio e, no receituário, escreveu que o paciente deveria tomar um comprimido após as refeições. Em conversa com ele, uma das autoras deste capítulo perguntou como ele estava tomando o remédio, ao que ele respondeu que tomava o remédio e depois ia comer.

Esses dois relatos ilustram as dificuldades que os surdos enfrentam quando se deparam com um texto em Língua Portuguesa. Peixoto (2006) chama a atenção para o fato de que as diferenças entre a Língua Brasileira de Sinais e a Língua Portuguesa não se restringem apenas à modalidade, mas à própria língua. Ressalta ainda que, como qualquer sujeito bilíngue, o surdo busca na primeira língua os elementos para significar a outra língua, o que produz uma inevitável e interessante aproximação entre essas duas línguas.

Atividades discursivas – seja em uma classe de ensino de Língua Portuguesa, seja em interações efetivas em Libras – são bastante enriquecedoras para o surdo. Ao ter a oportunidade de comparar as duas línguas – português e Libras – e refletir sobre elas, o sujeito se apropria do conhecimento de ambas. Em turmas bilíngues, além da possibilidade de os surdos aprenderem a Língua Portuguesa por meio da utilização da Libras, eles podem interagir, discutir sobre temas atuais e desenvolver sua produção textual. O fato de o professor ser fluente em Libras facilita muito a interação com os alunos. O principal, no entanto, é garantir um ambiente interativo, em que um surdo questiona algo que não compreendeu em um texto e o outro, que entendeu aquilo, possa explicar ao colega sob a supervisão do professor.

Não menos importante que o processo interativo, o professor deve buscar entender qual é o seu papel na sala de aula. Qual é a sua função? Ele seria simplesmente um condutor da aprendizagem dos alunos? Ele aprende métodos de ensino de língua e aplica-os em sala de aula, sem refletir sobre as estratégias utilizadas, sobre a eficácia ou não das atividades propostas? Ou sobre a forma como os alunos reagem às atividades propostas? Ou seria ele um profissional reflexivo, que planeja bem as suas aulas, ponderando sobre as melhores atividades com o objetivo de conseguir os melhores resultados? Esse tipo de professor busca refletir sobre as estratégias utilizadas antes, durante e após cada lição. Ou ainda, esse professor procura, além de refletir sobre a sua forma de ensinar, também estar atento ao processo de aprendizagem dos alunos? Ele busca aproveitar cada acontecimento – dentro e fora da sala de aula – para levar seus alunos a refletirem sobre a língua que estão aprendendo, sobre o que eles vivenciam em sua vida particular, sobre a política, sobre os esportes, sobre a vida em sociedade? Mas como fazer isso, ter um ensino que leva em consideração os papéis do professor, dos alunos, do processo interativo na aprendizagem, se o professor não domina a língua utilizada pelo seu aluno e este não possui uma língua efetiva com a qual possa interagir?

Kumaradivelu (2003) defende que, na sua prática cotidiana, os professores tenham uma compreensão global do que acontece em sua sala de aula, observem sistematicamente a sua forma de ensinar, avaliem os resultados, identifiquem problemas e soluções para ver o que funciona. Considera três parâmetros pedagógicos que devem nortear a prática do professor: particularidade, praticidade e possibilidade. A adoção desses parâmetros implica em que o professor, ao planejar suas aulas, considere o grupo de alunos, os objetivos particulares, o contexto da sala de aula e o ambiente sociocultural. Requer que o professor reflita continuamente sobre a sua prática, se autoavalie, identifique problemas e encontre soluções específicas que possibilitem não só a aprendizagem mas também a constituição da subjetividade dos alunos.

4. CONSIDERAÇÕES FINAIS

O ensino da Língua Portuguesa para surdos envolve bem mais do que a decodificação e codificação dos símbolos gráficos. Envolve compreensão e produção de sentidos. Para isso, é necessário que eles sejam inseridos em atividades de leitura, mediadas pelo professor, uma vez que é pela visão que poderão ampliar o conhecimento de Língua Portuguesa e, consequentemente, o aprimoramento da escrita.

Em uma abordagem de educação bilíngue, a aprendizagem da segunda língua é construída com base na primeira língua. Em se tratando de alunos surdos, significa que professor e aluno surdo devam saber a Língua Brasileira de Sinais. É por meio desta língua que o professor vai orientar os alunos surdos em suas hipóteses e descobertas, inserindo-os no funcionamento linguístico-discursivo da Língua Portuguesa por meio de interações na língua de sinais. Para os alunos surdos, a língua de sinais vai possibilitar o desenvolvimento do conhecimento de mundo e de língua, imprescindíveis para a compreensão da leitura e para a produção de sentidos na escrita.

Em uma sala de aula com alunos ouvintes e surdos, o professor deve criar estratégias de ensino orientadas para todos os alunos, considerando suas especificidades. Poderíamos propor abordagens de ensino, dar sugestões de atividades de ensino de leitura e escrita, de práticas pedagógicas que têm se mostrado eficientes no ensino da Língua Portuguesa como segunda língua, porém, nada disso terá valor se questões básicas não forem atendidas.

Outro aspecto que deve ser considerado ao se tratar de ensino da Língua Portuguesa para surdos refere-se à imagem de incapacidade ou incompetência que ainda hoje é comumente atribuída aos alunos surdos. Tal imagem responde, entre outras coisas, pela atribuição de material empobrecido para a leitura. Por não acreditarem no potencial dos alunos surdos, muitos professores resistem ou se negam a dar textos autênticos para que os alunos surdos leiam, afirmando que eles têm muita dificuldade e que não gostam de ler. Os alunos, por sua vez, por não terem acesso a materiais escritos ricos e diversificados, apresentam cada vez mais dificuldade para ler e se tornam completamente desinteressados pela leitura. Consequentemente, não gostam de escrever e muitos se sentem incapacitados para fazê-lo (PEREIRA, 2009).

Por fim, cabe destacar que, mesmo que o professor tenha muito interesse e dedicação no seu trabalho, seus esforços não terão êxito se o aluno continuar incluído no sistema regular de ensino, sem que a Língua Portuguesa seja ensinada como segunda língua e sem que a Libras seja utilizada em seu ensino.

REFERÊNCIAS

BERNARDINO, E. L. A.; PEREIRA, M. C. C.; PASSOS, R. Estratégias de Ensino da Língua Brasileira de Sinais como segunda língua. *Revista Trama*, Cascavel, v. 14, n. 32, p. 27-39, 2018.

BRASIL. Ministério da Educação. *Base Nacional Comum Curricular*. Proposta preliminar. Segunda versão revista. Brasília: MEC, 2016. Disponível em: <http://basenacionalcomum.mec.gov.br/documentos/bncc-2versao.revista.pdf>. Acesso em: 23 mar. 2017.

BRASIL. *Lei n. 10.436*, de 24 abril de 2002. Dispõe sobre a Língua Brasileira de Sinais – Libras e dá outras providências. Disponível em: <http://www.planalto.gov.br/ccivil_03/leis/2002/l10436.htm>. Acesso em: 7 nov. 2018.

BRASIL. *Decreto 5.626*, de 22 de dezembro de 2005. Regulamenta a Lei 10.436, de 24 de abril de 2002, que dispõe sobre a Língua Brasileira de Sinais – Libras, e o art. 18 da Lei n. 10.098, de 19 de dezembro de 2000. Disponível em: <http://www.planalto.gov.br/ccivil_03/_ato2004-2006/2005/decreto/d5626.htm>. Acesso em: 7 nov. 2018.

KUMARADIVELU, B. *Beyond Methods*: Macrostrategies for Language Teaching. New Haven, CT: Yale University Press, 2003.

MOORES, D. F. *Educating the Deaf*: Psychology Principles and Practices. 4. ed. Boston: Houghton Mifflin Company, 1996.

PEIXOTO, R. C. Algumas considerações sobre a interface entre a Língua Brasileira de Sinais (LIBRAS) e a Língua Portuguesa na construção inicial da escrita pela criança surda. *Cad. Cedes*, Campinas, v. 26, n. 69, p. 205-229, maio/ago. 2006.

PEREIRA, M. C. C. (Org.). *Leitura, escrita e surdez*. São Paulo: Secretaria da Educação, CENP/CAPE. 2. ed. São Paulo: FDE, 2009.

PEREIRA, M. C. C. A constituição de sentidos na leitura e na escrita por alunos surdos. In: MENDES, E .G.; ALMEIDA, M. A. (Org.). *Das margens ao centro*: perspectivas para as políticas e práticas educacionais no contexto da educação especial inclusiva. Araraquara: Junqueira & Marin, 2010. p. 325-332.

PEREIRA, M. C. C. O ensino de português como segunda língua para surdos: princípios teóricos e metodológicos. *Educar em Revista*, Curitiba, edição especial, n. 2, p. 143-157, 2014.

RUSSELL, W. K.; QUIGLEY, S. P.; POWER, D. J. *Linguistics and Deaf Children*. Washington, D. C.: The Alexander Graham Bell Association for the Deaf, 1976.

SACKS, Oliver. *Vendo vozes*: uma jornada pelo mundo dos surdos. Tradução de Alfredo Barcellos Pinheiro de Lemos. Rio de Janeiro: Imago, 1990. 205 p.

AQUISIÇÃO DA LÍNGUA ESCRITA COMO SEGUNDA LÍNGUA POR CRIANÇAS SURDAS: UM OLHAR SOB A PERSPECTIVA DA PSICOLINGUÍSTICA

Giselli Mara da Silva

1. INTRODUÇÃO

Os contextos de aquisição das línguas pelas crianças surdas são altamente complexos, e envolvem fatores biológicos e sociais que não podem ser negligenciados, tendo em conta o impacto da privação linguística no desenvolvimento global de crianças surdas (SACKS, 1998; GOLDFELD, 2002) e em sua capacidade de aprender sua primeira língua (L1), bem como outras línguas ao longo da vida (MAYBERRY, 2007). Nos últimos anos, várias pesquisas têm sido conduzidas no sentido de mostrar que o bilinguismo – leia-se língua de sinais (LS) como L1 e língua majoritária como segunda língua (L2) – traria benefícios no que tange à possibilidade de exposição precoce e natural a uma língua visual, que viabilizaria o desenvolvimento global da criança surda e proveria acesso a estruturas linguísticas abstratas que potencialmente poderiam servir de andaime para a aprendizagem subsequente de outras línguas (ver, por ex., CRUZ; PIZZIO; QUADROS, 2015; DAVIDSON; LILLO-MARTIN; PICHLER, 2014; MAYBERRY, 2007).

No que tange especificamente ao processo de aquisição da língua majoritária como L2, algumas propostas discutem como crianças surdas usuárias de LS podem adquirir a L2 por meio da língua escrita, sem conhecer previamente os sons, as palavras e a gramática da língua oral, o que abordaremos ao longo deste capítulo. No contexto brasileiro, de modo geral, os pesquisadores que defendem a educação bilíngue para surdos assumem a importância do papel mediador da LS na aquisição da escrita e a autonomia da língua escrita em relação à fala,[1] e/ou ainda discutem as vantagens cognitivas para a criança surda do processo de alfabetização na escrita de sinais para um posterior processo de alfabetização na língua majoritária (ver, por exemplo, QUADROS, 1997). Porém, no Brasil, a maioria das crianças surdas vai ser alfabetizada em português, o que traz implicações que precisam ser discutidas, considerando especialmente os resultados insatisfatórios obtidos pelas pessoas surdas no desenvolvimento da leitura e da escrita, o que vem sendo denunciado por vários estudos (CAPOVILLA; CAPOVILLA; MACEDO, 2007; SILVA, 2010; SILVA, 2016). Ressalta-se, nesse caso, a importância do desenvolvimento de habilidades de leitura para os surdos, já que é por meio da leitura que eles vão adquirir sua L2 e, principalmente, é por meio da língua escrita que vão poder usar a língua majoritária em práticas sociais.

A esse respeito, como argumentam Piñar, Dussias e Morford (2011), os recentes avanços na área do bilinguismo e do processamento de L2 podem contribuir para avançarmos também em nossa compreensão acerca da aprendizagem da língua escrita pelas crianças surdas como bilíngues que usam uma LS e uma língua escrita. No âmbito da psicolinguística do bilinguismo, discute-se em que extensão as duas línguas estão integradas na mente dos bilíngues, sendo que, nos últimos anos, alguns trabalhos vêm mostrando como os sistemas linguísticos dos bilíngues não funcionam separadamente, havendo interação entre esses sistemas durante a produção e a compreensão da linguagem (ver, por exemplo, HARTSUIKER; PICKERING, 2008, SHOOK; MARIAN, 2010; entre outros).

Considerando tais questões, é nosso objetivo apresentar dois modelos teóricos (HOFFMEISTER; CALDWELL-HARRIS, 2014; HERMANS; KNOORS; ORMEL; VERHOEVEN, 2008) que buscam explicar a aquisição da língua escrita pelas crian-

[1] "A internalização de significados, conceitos, valores e conhecimentos será realizada através do domínio dessa modalidade de língua [língua de sinais] que servirá como suporte cognitivo para a aprendizagem de um sistema de signos, que, embora organizado a partir da oralidade, guarda características específicas que permite relativa autonomia do sistema que lhe deu origem, permitindo sua apropriação por pessoas surdas que desconhecem o valor sonoro das palavras. Essa relativa autonomia, discutida por diversos autores (FARACO, 1991; FERREIRA BRITO, 1993; KATO, 1987; SÁNCHEZ, 1993), nos permite vislumbrar a escrita sob um novo enfoque, divorciada da vinculação inerente mantida com a oralidade, tradicionalmente veiculada nas práticas escolares tradicionais" (FERNANDES, 1999, p. 66).

ças surdas, lançando luz sobre o tipo de bilinguismo vivenciado por elas. Para isso, de início vamos abordar sinteticamente o papel da língua falada e da LS na aquisição da escrita e, em seguida, apresentar os dois modelos teóricos, seguidos da síntese de estudos sobre processamento da linguagem que trazem evidências a favor dos modelos apresentados. Finamente, concluiremos este trabalho de revisão apontando algumas implicações pedagógicas.

2. LÍNGUA FALADA E LÍNGUA DE SINAIS NA AQUISIÇÃO DA LEITURA

Os estudos sobre dificuldades de leitura de crianças ouvintes apontam evidências fortes a favor da relação entre consciência e codificação fonológica e desenvolvimento da leitura; já a literatura que aborda essa relação no caso de crianças surdas é bastante controversa (HOFFMEISTER; CALDWELL-HARRIS, 2014, MUSSELMAN, 2000). Musselman (2000) explica que são necessárias mais pesquisas que possam distinguir entre os pré-requisitos para a aprendizagem da escrita e os resultados dessa aprendizagem, já que muitos estudos com adolescentes e adultos surdos que mostram forte relação entre codificação fonológica e boas habilidades de leitura não esclarecem se o conhecimento e as habilidades de codificação da fonologia da língua falada se desenvolveram antes ou depois da aprendizagem da leitura. Como conclui esta autora, os estudos apontam que os surdos usam codificação fonológica e complementam suas habilidades com codificação ortográfica e também codificação via sinais. Porém, mais recentemente, por meio de uma meta-análise de estudos sobre os surdos, Mayberry, Del Giudice e Liberman (2011 *apud* HOFFMEISTER; CALDWELL-HARRIS, 2014) apontam que (i) a consciência fonológica apresenta apenas uma modesta relação com as habilidades em leitura; (ii) habilidades fonológicas preveem somente 11% da variância na habilidade de leitura, enquanto a habilidade linguística geral prevê 35% da variância.

Nos últimos anos, vem crescendo fortemente o corpo da literatura em que se discute a relação entre as habilidades em LS e as habilidades na língua majoritária escrita. Mayberry (2007) apresenta estudos desenvolvidos por ela e colaboradores segundo os quais a exposição precoce e rica à LS pode ter impacto no desenvolvimento das habilidades de leitura em inglês como L2, afirmando que habilidades bem desenvolvidas numa língua visual podem servir como um andaime para as habilidades na representação visual de uma língua falada. Outros estudos exploram a relação entre conhecimentos em LS e habilidades de leitura, como é o caso dos trabalhos de Hoffmeister (2000) e Strong e Prinz (2000) com crianças e adolescentes surdos usuários da Língua de Sinais Americana (ASL) e do inglês. Ambos os estudos confirmam que há uma relação positiva entre a competência em ASL e as habilidades de leitura. Como duas línguas tão diferentes – como é o caso dos pares linguísticos envolvendo LS e língua falada (ASL-inglês, Libras-português etc.) – se relacionam no processo de aquisição da língua escrita pelas crianças surdas? Conforme explicam Piñar *et al.* (2011), se olhamos para tal questão numa perspectiva monolíngue, considerando que a fonologia da língua falada precisa ser mapeada em sua ortografia, a questão pode parecer insolúvel. Porém, reconhecer o caminho bilíngue trilhado pelo aprendiz pode lançar luz sobre pontos importantes do processo, como discutiremos ao longo deste capítulo.

3. MODELO DE AQUISIÇÃO DE SEGUNDA LÍNGUA VIA ESCRITA

O trabalho de Hoffmeister e Caldwell-Harris (2014), como os próprios autores afirmam, pretende preencher uma lacuna nos estudos teóricos, já que nenhuma teoria atual sobre aquisição de L2 tem discutido como realmente as crianças aprendem uma língua exclusivamente via escrita. Os autores observam que adquirir uma língua via escrita traz duas principais dificuldades: dominar uma L2 em contexto de sala de aula e aprender somente a partir da escrita. A primeira dificuldade diz respeito à possibilidade de desenvolver proficiência em uma L2 apenas por meio do ensino formal. Os autores revisaram estudos que mostram que as crianças ouvintes raramente dominam uma língua nesse contexto antes dos 12 anos de idade. O baixo índice de sucesso em aprender uma língua em sala de aula é coerente com teorias que ressaltam a importância das interações sociais para a aquisição de uma L2 (ver, por exemplo, ELLIS, 1999 *apud* HOFFMEISTER; CALDWELL-HARRIS, 2014). Quando as pessoas aprendem uma língua em contextos reais de uso visam a objetivos práticos e ganhos sociais, sendo que o sucesso de aprendizagem por meio da interação é explicado, conforme Hoffmeister e Caldwell-Harris (2014), pela triangulação entre o contexto, a língua e a necessidade de inferir o objetivo comunicativo dos falantes, o que preenche a lacuna da aprendizagem indutiva.

Conforme argumentam Hoffmeister e Caldwell-Harris (2014), uma revisão teórica na área de aquisição de L2 pode levar a um ceticismo em relação à possibilidade de adquirir uma língua via escrita, sem possibilidades de interações significativas. Talvez seja essa a razão de que muitos educadores insistam que as crianças sejam expostas de alguma forma à língua falada antes de aprender a escrever. Porém, os autores argumentam contra tal visão apresentando evidências do baixo sucesso de crianças com surdez profunda na aprendizagem da fala e também desvantagens no uso de sistemas artificiais de representação da língua falada, inclusive em termos de processamento da linguagem humana. Além disso, ressaltam os casos de sucesso relatados por adultos surdos proficientes na L2 que aprenderam essa língua por meio da escrita.

Tendo em conta a literatura na área de aquisição de L2 e as especificidades das crianças surdas, especialmente aquelas com surdez profunda, Hoffmeister e Caldwell-Harris (2014) apresentam um modelo descritivo proposto para explicar os passos percorridos pela criança na aquisição da língua via escrita. Ressaltam que este modelo não é um método ideal de ensino, mas visa compreender o sucesso e as falhas no desenvolvimento da leitura em inglês, aplicando-se de forma mais adequada a crianças com surdez profunda que adquiriram a ASL desde o nascimento. Apesar de o modelo voltar-se especificamente para o par linguístico ASL-inglês e para um grupo específico de crianças surdas, nós podemos vislumbrar pontos que podem se aplicar a outras línguas, como o par Libras-português, e ainda refletir sobre a situação de crianças que não tiveram acesso à LS desde o nascimento, como é o caso da maioria dos surdos. O modelo propõe três estágios de desenvolvimento, culminando com a proficiência em construir significado a partir da escrita, conforme descrito abaixo:

> Estágio 1: Mapeando equivalentes de tradução.
> Estágio 2: Das palavras às sentenças: decomposição numa tradução simples.
> Estágio 3: Usando ASL para aprender inglês via escrita no modo bilíngue de aprendizagem. (HOFFMEISTER; CALDWELL-HARRIS, 2014)[2]

No primeiro estágio, a criança faz o mapeamento entre as palavras e os sinais ou expressões em sinais (ver o modelo de Hermans *et al.*, 2008). Os professores e os

[2] "Stage 1: Mapping translation equivalents. Stage 2: From words to sentences: simple translation breakdown. Stage 3: Use ASL to learn English via print in a bilingual learning mode." (HOFFMEISTER; CALDWELL-HARRIS, 2014, p. 232).

pais frequentemente ensinam as palavras fazendo os equivalentes em LS e apontando as palavras, por exemplo: fazem o sinal de GATO[3] e apontam a palavra *gato*. É importante considerar que, diferentemente de aprendizes que adquirem as palavras mais comuns no ambiente natural de contato com a língua, os aprendizes surdos dependem de alguém que lhes apresente o sinal equivalente a uma dada palavra, já que o ambiente natural não contém o par escrita-figura que poderia ser adquirido sem o ensino explícito.[4] No primeiro estágio, os aprendizes estabelecem mapeamentos entre sinais e palavras simples (exemplo: gato-GATO) e, com o aumento da exposição à língua escrita, começam a fazer também mapeamentos mais complexos, tais como: (i) sinais compostos para substantivos simples (*irmão* – HOMEM-IRMÃO);[5] (ii) um único sinal para expressões da língua escrita (*ir embora* – SAIR); (iii) sinais considerados num nível sentencial, como LER LIVRO, em que uma mão está ativa e a outra não marcada representa o objeto; e outros mapeamentos entre LS-língua escrita. Ao se aproximar do nível de desenvolvimento do estágio 2, os aprendizes vão automatizando mapeamentos entre expressões e frases simples em LS e língua escrita.

Porém, o sucesso do mapeamento inicial entre sinais e palavras é ilusório, porque as palavras da língua escrita não podem ser diretamente mapeadas em sinais da LS. Hoffmeister e Caldwell-Harris (2014) citam exemplos de verbos deslexicalizados com os quais as crianças têm dificuldade – *take the bus* cujo equivalente em português seria *pegar o ônibus*.[6] Inicialmente, as palavras são mapeadas num significado mais concreto – no exemplo em português, *pegar* poderia ser interpretado como *segurar*. Os autores relatam que têm observado pais e professores fluentes em LS explicando aos surdos sobre estruturas sintáticas idiossincráticas e termos polissêmicos, mas, para conseguirem tirar proveito de tal tipo de instrução explícita, as crianças

---

[3] Por convenção, os exemplos de sinais são apresentados por meio de glosas, sendo que: (1) as palavras em português escritas em maiúsculas buscam representar o conceito expresso pelo sinal; (2) quando duas ou mais palavras são necessárias para expressar esse conceito, estas foram ligadas por hífen.

[4] As exceções a isso são os casos de palavras adquiridas precocemente a partir de embalagens que contêm o nome do produto e figuras, como doces, pipocas, chips de batatas etc. (HOFFMEISTER; CALDWELL-HARRIS, 2014, p. 233).

[5] Todos os exemplos apresentados nesta seção para o par Libras-português são inspirados nos exemplos do par ASL-inglês apresentados por Hoffmeister e Caldwell-Harris (2014, p. 234).

[6] Em nossa experiência em sala de aula, observamos exemplos semelhantes como a expressão "tomar banho" em que o verbo deslexicalizado *tomar* era frequentemente sinalizado pelos alunos com o sinal BEBER, o que relatamos em trabalho anterior (SILVA, 2010).

precisam ter sua L1 bem desenvolvida para acompanhar explicações abstratas. Porém, mesmo para aqueles que cresceram em lares onde a LS é utilizada, os primeiros estágios de aprendizagem são considerados confusos.

No estágio 2, conforme o modelo proposto, os aprendizes conseguiriam estabelecer mapeamentos entre, por exemplo, (i) verbos deslexicalizados como os citados anteriormente com seus diferentes significados; (ii) sentenças na língua escrita e classificadores da LS, como *X encontra Y.* Nesse estágio, como que montando um quebra-cabeças, os aprendizes também estão buscando extrair as regularidades dos padrões ortográficos da língua escrita; e ainda uma terceira tarefa é perceber palavras funcionais e variações morfológicas. Lidando com esses mapeamentos complexos, os aprendizes têm a oportunidade de se conscientizar de que a L2 tem formas únicas de expressar os significados, sem uma tradução direta para a LS.

Ao obter sucesso na forma de compreender essas combinações maiores de palavras, os aprendizes estão preparados para lidar com a leitura de uma maneira diferente, indo assim para o terceiro estágio proposto no modelo. A partir de então, eles poderão aproveitar uma abordagem de ensino bilíngue baseada na comparação entre as línguas, compreendendo que: (i) as palavras podem não ter um equivalente de tradução; (ii) sentenças podem ser mapeadas em sentenças na outra língua, não havendo um mapeamento direto palavra-sinal; entre outros. No estágio 3, os surdos podem inferir significados a partir do contexto, apoiar-se no seu conhecimento prévio para construir sentidos, além de usar a leitura para aumentar seus conhecimentos na língua majoritária. Porém, as crianças surdas, apesar do desenvolvimento, continuam em desvantagem comparativamente às crianças ouvintes, já que falta oportunidade para praticar a língua majoritária para além da leitura e escrita.

Hoffmeister e Caldwell-Harris (2014) apresentam inúmeras evidências a favor do modelo, revisando pesquisas variadas. Contudo, iremos focar especialmente na questão dos mapeamentos entre sinais e palavras no processamento da linguagem, o que será apresentado na seção 5.

4. MODELO DE DESENVOLVIMENTO LEXICAL

Diferentemente do modelo apresentando anteriormente, que descreveu a aquisição da língua escrita de forma mais ampla, Hermans, Knoors, Ormel e Verhoeven (2008) propuseram um modelo para descrever o processo de aquisição lexical por crianças surdas. Inicialmente, é importante esclarecer que *saber* uma palavra é algo complexo que envolve muito mais do que fazer a ligação, no caso do vocabulário escrito, entre a forma ortográfica e o significado básico da palavra. Como explicam Hermans *et al.* (2008), no caso das crianças ouvintes nos estágios iniciais de aquisição da leitura, seu conhecimento lexical já está mais desenvolvido, e informações morfológicas, sintáticas e semânticas estão presentes na entrada lexical da palavra falada. Já para a criança surda, a aquisição do vocabulário escrito é muitíssimo desafiador, visto que ela geralmente ainda não tem um léxico na língua majoritária estabelecido para poder usar como apoio na leitura. Como então as crianças surdas constroem esse sistema da língua escrita sem as informações semânticas, sintáticas, morfológicas da palavra falada? O modelo proposto pelos autores pretende justamente explicar essa questão, apontando a forma como o léxico da L1 influencia e contribui ao longo desse processo.

Esse modelo inspira-se diretamente no modelo psicolinguístico de Jiang (2000 *apud* HERMANS *et al.*, 2008) de aprendizagem de vocabulário em L2, bem como em outros que buscam explicar a produção e a percepção da fala em bilíngues. O modelo considera que as informações no léxico mental[7] são especificadas em termos de informações sobre a forma (fonológica ou ortográfica), informação morfológica, sintática e semântica (cf. LEVELT, 1989 *apud* HERMANS *et al.*, 2008) e que essas propriedades são representadas em dois componentes de uma entrada lexical: (i) o lexema, que compreende as informações morfológicas e fonológicas/ortográficas (variantes morfológicas, grafia ou pronúncia), e (ii) o lema, constituído pelas especificações sintáticas e semânticas (significado e contexto sintático).

O modelo de Jiang volta-se para o caso de adultos em processo de aquisição de vocabulário numa L2, mas, apesar das diferenças entre os aprendizes adultos e as crianças surdas, Hermans *et al.* (2008) consideram que as similaridades entre esses dois grupos de aprendizes justificam a aplicação do modelo para as crianças surdas. Adultos e crianças surdas estão aprendendo novas palavras na presença de um sistema conceptual e de um sistema lexical em sua L1. Além disso, ambos os grupos aprendem sua L1 em ambientes mais naturais de interação, nos quais o *input* é contextualizado; contudo, a aprendizagem de L2 se dá geralmente em sala de aula, um

[7] Léxico mental "é a base de dados que contém todas as palavras armazenadas na mente de um indivíduo" (PREUSS; FONTES; FINGER, 2013).

ambiente mais formal em que as pistas contextuais estão menos presentes, o que dificulta a extração de informações semânticas, sintáticas e morfológicas das novas palavras. Ressalta-se também que o modelo proposto se aplica a crianças surdas cuja língua dominante é a LS e não necessariamente filhos de surdos.

Considerando as especificidades e os contextos de aprendizagem das crianças surdas, Hermans *et al.* (2008) apresentam os estágios de aprendizagem de vocabulário escrito pelas crianças surdas. No primeiro estágio, as crianças criam associações entre palavras e sinais: a entrada lexical da palavra escrita é registrada no léxico mental contendo apenas a forma ortográfica, e o acesso lexical[8] envolve a LS. Com o passar do tempo e a contínua coativação dos sinais e do equivalente de tradução na língua escrita, a representação da língua escrita eventualmente se modifica, e as especificações sintáticas e semânticas do lema da L1 são copiadas na representação da língua escrita. Nesse segundo estágio – o estágio da mediação do lema, palavras escritas estão diretamente ligadas ao sistema conceptual e o sistema da LS não necessariamente está envolvido no reconhecimento de palavras escritas. Porém, as especificações morfológicas ainda estão vazias. Já no terceiro estágio, considerado o estágio da integração total, as especificações morfológicas passam a compor a representação lexical, juntamente com as representações semânticas e sintáticas apropriadas. A palavra escrita se conecta mais fortemente com o sistema conceptual, de forma direta ou por meio da língua falada, no caso de surdos oralizados. Apesar de haver conexões entre os sinais e as palavras escritas, essas conexões não são fortes o suficiente para dar suporte ao acesso lexical.

Como já proposto no modelo de Jiang (2000), Hermans *et al.* (2008) também consideram que as palavras conhecidas por uma criança surda podem estar em diferentes estágios de aquisição. Porém, pondera-se que muitas crianças surdas em programas bilíngues não chegam ao terceiro estágio de desenvolvimento, ocorrendo assim uma fossilização no segundo estágio. Várias características do modelo proposto encontram respaldo na literatura da área, conforme evidências de outras pesquisas apresentadas pelos próprios autores. Neste capítulo, vamos abordar somente a ativação de sinais da LS no reconhecimento de palavras, como veremos na seção seguinte.

---

[8] Acesso lexical "é o processo de entrada no léxico mental para extrair informação sobre essas palavras [as palavras do léxico mental]" (PREUSS; FONTES; FINGER, 2013).

5. EVIDÊNCIAS EMPÍRICAS DE ATIVAÇÃO TRANSLINGUÍSTICA

Tanto o modelo de aquisição da língua escrita de Hoffmeister e Caldwell-Harris (2014) como o modelo de desenvolvimento lexical de Hermans *et al.* (2008) consideram que a LS está envolvida no processo de aquisição da L2 para a criança surda. Nesses modelos, a aquisição se dá inicialmente pela associação estabelecida pela criança entre a palavra escrita e o sinal da LS, de diferentes formas ao longo desse processo. Como se afirmou no início deste texto, pesquisas com bilíngues de línguas faladas vêm mostrando diferentes níveis de interação entre as duas línguas do bilíngue. Curiosamente, estudos conduzidos com bilíngues surdos trazem evidências de que durante o processamento de palavras da língua escrita ocorre a coativação de sinais, mesmo para surdos com alta proficiência em ambas as línguas.

Morford, Wilkinson, Villwock, Pinãr e Kroll (2011), por exemplo, analisaram o processamento lexical de palavras do inglês por surdos bilíngues do par ASL-inglês, altamente proficientes nessas línguas, por meio de uma tarefa na qual os participantes precisavam julgar a relação semântica de um par de palavras do inglês, cujos sinais equivalentes de tradução para a ASL foram manipulados.[9] Mesmo não sendo requerido pela tarefa, os resultados indicam que os sinais da ASL foram ativados, já que os surdos foram mais lentos em rejeitar palavras não relacionadas semanticamente, mas que tinham equivalentes em ASL com semelhança fonológica; e foram mais rápidos em aceitar palavras semanticamente relacionadas que tinham equivalentes da ASL com semelhança fonológica. Dando continuidade a esse estudo, Morford *et al.* (2014) investigaram a ativação de sinais da ASL durante o processamento de palavras do inglês por surdos bilíngues intermodais, com a ASL como língua dominante, e ouvintes bilíngues intermodais, com o inglês como língua dominante. Os resultados confirmaram o acesso não seletivo no caso de processamento lexical de bilíngues

[9] A título de esclarecimento, poderíamos pensar em exemplos em Libras-português: (i) os participantes tinham que responder e julgar a relação semântica de pares de palavras como pato-pássaro, e os sinais subjacentes a estas palavras compartilham várias características, tais como locação, movimento etc.; (ii) e os participantes tinham que responder e identificar os pares que não tinham relação semântica, cujos equivalentes em sinais compartilhavam traços fonológicos, como os sinais SÁBADO-APRENDER, que compartilham a configuração de mão e o movimento interno da mão. Importante esclarecer que a manipulação dos sinais correspondentes não foi informada aos participantes – a tarefa do experimento envolvia apenas a leitura das palavras e o julgamento semântico.

intermodais e ainda indicaram os efeitos da proficiência – quanto mais proficiente em sua L1, menos efeitos de inibição baseada na forma da L1 (no caso a semelhança dos parâmetros fonológicos) são experimentados pelos bilíngues.

Especificamente com relação ao processamento lexical de crianças, o trabalho de Ormel, Hermans, Verhoeven e Knoors (2012) traz evidências a favor da afirmação de que sinais da LS estão ativos durante o processamento de palavras escritas. Para verificar essa ativação, os autores propuseram a realização de uma tarefa em que as crianças precisavam identificar se uma figura e uma palavra eram relacionadas. A tarefa não demandava o uso de LS, mas indiretamente manipulou os pares de palavra-figura selecionadas para o experimento, considerando os equivalentes de tradução em LS subjacentes aos pares. Na condição em que palavra e figura não tinham correspondência (por exemplo, foi apresentada a palavra em holandês referente a cachorro e a imagem de uma cadeira), foram manipulados os sinais subjacentes à palavra e à figura no que tange à semelhança fonológica: (i) condição 1 – os sinais subjacentes tinham similaridades fonológicas; (ii) condição 2 – os sinais subjacentes não tinham semelhança fonológica.

Foram encontradas evidências para o processamento translinguístico no caso de crianças surdas: a língua não-alvo, no caso da LS, estava ativada durante o processamento de palavras do holandês, o que foi indicado pelas diferenças significativas entre os tempos de reação. O tempo de reação das crianças surdas para os itens (pares de palavra-figura) sem relação conceptual foi maior quando os sinais subjacentes apresentavam sobreposição fonológica. Os dados reportados nesse estudo se alinham a outros estudos realizados com bilíngues, como os que apresentamos acima, os quais indicam que, mesmo para bilíngues com mais proficiência nas duas línguas, a ativação translinguística ocorre durante o processamento de uma das línguas do bilíngue.

6. IMPLICAÇÕES PEDAGÓGICAS E CONSIDERAÇÕES FINAIS

Neste capítulo, procuramos contribuir para a compreensão da aquisição de L2 via escrita pelos surdos por meio da apresentação de modelos teóricos que exploram estudos desenvolvidos por pesquisadores da psicolinguística do bilinguismo e da área de aquisição e processamento de segunda língua. Compreender como as crianças surdas adquirem sua segunda língua via escrita é um passo essencial para avançarmos mais na discussão do ensino de L2 para surdos. Ressaltamos o importante papel da LS no processo de aquisição da escrita, evidenciado por vários estudos apresentados ao longo deste texto.

Apesar de apresentarem modelos teóricos distintos, ambos os trabalhos – o de Hoffmeister e Caldwell-Harris (2014) e o de Hermans *et al.* (2008) – concordam com a relevância de se pensar nas implicações relativas ao ensino para as crianças surdas, bem como na importância do uso da LS como meio de ensino. Voltando-se então para estudos no contexto brasileiro, podemos também constatar a importância do uso da LS para o desenvolvimento de habilidades na língua escrita dos estudantes surdos. Os estudos conduzidos por Capovilla e colaboradores (ver revisão apresentada em CAPOVILLA, 2008) apontam que as escolas especiais, onde os surdos têm contato com outros surdos e professores sinalizadores, são mais eficientes em desenvolver competências em Libras, assim como competências em leitura e escrita em português. Silva (2016) também mostra o impacto de ambientes bilíngues no desenvolvimento das habilidades de leitura dos surdos.

Porém, mesmo para aqueles surdos que cresceram em lares onde a LS é utilizada ou para aqueles que estudam em escolas com ambientes linguisticamente ricos para os surdos, os primeiros estágios de desenvolvimento da língua escrita podem ser confusos, já que as crianças surdas podem acreditar que a escrita é uma forma de escrever a LS (DIPERRI, 2004 *apud* HOFFMEISTER; CALDWELL-HARRIS, 2014). Essa confusão, contudo, pode ser reforçada por práticas de ensino não adequadamente planejadas que endossam o mapeamento sinal-palavra como forma única de se aproximar da língua escrita.[10] A relação sinal-palavra, importante para a criança no estágio inicial de aquisição da língua escrita, precisa ser suplantada progressivamente por estágios nos quais o aprendiz consiga extrair significado de agrupamentos de palavras relacionando-as à sua língua, chegando ao estágio no qual ele possa usar sua L1 para aprender mais e de forma mais autônoma a língua escrita. Para tanto, o trânsito entre a escrita e a LS em sala de aula precisa ser criteriosamente planejado pelo professor, que pode inclusive escolher como, quando e por que traduzir ou não uma palavra, uma expressão ou mesmo uma sentença para o aluno usando a LS (ANDREWS; RUSHER, 2010; SILVA, 2018).

[10] Góes (1996, p. 16), por exemplo, observa as relações que o surdo estabelece com as línguas e afirma que "a maioria do grupo concebia fala, escrita e sinais enquanto modalidades (oral, gráfica, gestual) de uma mesma categoria. Ou seja, os entrevistados indicavam que as possibilidades linguísticas formam, por assim dizer, um conjunto, cujos itens lexicais são realizados pela utilização da gestualidade, da voz e do registro gráfico, além das composições combinadas."

REFERÊNCIAS

ANDREWS, J. F.; RUSHER, M. Codeswitching Techniques: Evidence-Based Instructional Practices for the ASL/English Bilingual Classroom. ***American Annals of the Deaf***, Washington, DC, v. 155, n. 4, p. 407-424, 2010.

CAPOVILLA, F. C. Principais achados e implicações do maior programa do mundo em avaliação do desenvolvimento de competências linguísticas de surdos. In: SENNYEY, A. L; CAPOVILLA, F. C; MONTIEL, J. M. (org.). *Transtornos de aprendizagem*: da avaliação à reabilitação. São Paulo: Artes Médicas, 2008, p. p. 151-163.

CAPOVILLA, F. C.; CAPOVILLA, A. G. S.; MACEDO, E. C. (Tele)avaliando o desenvolvimento da competência de leitura em ouvintes e surdos de escolas especiais e comuns: o estado da arte. In: MIOTTO, E. C.; LUCIA, M. C. S.; SCAFF, M. (Org.), *Neuropsicologia e as interfaces com as neurociências*. São Paulo, SP: HCUSP, 2007, p. 229-240.

CRUZ, C.; PIZZIO, A.; QUADROS, R. Avaliação da discriminação fonêmica do português brasileiro e da Língua de Sinais Brasileira em crianças ouvintes bilíngues bimodais e em crianças surdas usuárias de implante coclear. *Revista da ABRALIN*, São Carlos (SP), v. 14, n. 1, p. 337-360, jan./jun. 2015.

DAVIDSON, K; LILLO-MARTIN, D.; CHEN PICHLER, D. Spoken English Language Development in Native Signing Children with Cochlear Implants, *Journal of Deaf Studies and Deaf Education*, Oxford (UK), v. 19, n. 2, p. 238-250, 2014.

FERNANDES, S. É possível ser surdo em português? Língua de sinais e escrita: em busca de uma aproximação. In: SKLIAR, C. (Org.). *Atualidade da educação bilíngue para surdos*. v. 2. 2. ed. Porto Alegre: Mediação, 1999. p. 59-81.

GÓES, M. C. R. *Linguagem, Surdez e Educação*. Campinas: Editora Autores Associados, 1996.

GOLDFELD, M. *A criança surda*: linguagem e cognição numa perspectiva sociointeracionista. São Paulo: Plexus Editora, 2002.

HARTSUIKER, R; PICKERING, M. Language Integration in Bilingual Sentence Production. *Acta Psychologica*, v. 128, p. 479-489, 2008.

HERMANS, D.; KNOORS, H.; ORMEL, E.; VERHOEVEN, L. Modeling Reading Vocabulary Learning in Deaf Children in Bilingual Education Programs. *Journal of Deaf Studies and Deaf Education*, Oxford (UK), v. 13, n. 2, p. 155-174, 2008.

HOFFMEISTER, R. J.; CALDWELL-HARRIS, C. L. Acquiring English as a Second Language Via Print: the Task for Deaf Children. *Cognition*, v. 132, n. 2, p. 229-242, 2014.

HOFFMEISTER, R. J. A Piece of the Puzzle: ASL and Comprehension in Deaf Children. In: CHAMBERLAIN, C.; MORFORD, J. P.; MAYBERRY, R. R. (Ed.). *Language Acquisition by Eye*. Mahwah, New Jersey: 2000. p. 143-163.

MAYBERRY, R. I. When Timing is Everything: Age of First-Language Acquisition Effects on Second-Language Learning. *Applied Psycholinguistics*, v. 28, p. 537-549, 2007.

MORFORD, J. P.; WILKINSON, E.; VILLWOCK, A.; PIÑAR, P; KROLL, J. F. When Deaf Signers Read English: do Written Words Activate their Sign Translations? *Cognition*, v. 118, p. 286-92, 2011.

MORFORD, J.; KROLL, J.; PINÃR, P.; WILKINSON, E. Bilingual Word Recognition in Deaf and Hearing Signers: Effects of Proficiency and Language Dominance in Cross-Language Activation. *Second Language Research*, v. 30, n. 2, p. 251-271, 2014.

MUSSELMAN, C. How do Children Who Can't Hear Learn to Read an Alphabetic Script? A Review of the Literature on Reading and Deafness. *Journal of Deaf Studies and Deaf Education*, Oxford (UK), 5, p. 11-31, 2000.

PIÑAR, P.; DUSSIAS, P.; MORFORD, J. P. Deaf Readers as Bilinguals: an Examination of Deaf Reader's Print Comprehension in Light of Current Advances in Bilingualism and Second Language Processing. *Language and Linguistics Compass*, v. 5, n. 10, p. 691-704, 2011.

PREUSS, E. O.; FONTES, A. B. A. L.; FINGER, I. Modelos de acesso lexical no reconhecimento de palavras e na produção de fala bilíngue. In: PERNA, C. B. L.; MOLSING, K. V. (Org.). Tópicos em cognição, bilinguismo e pragmática. Porto Alegre: EdiPUCRS, 2013. p. 67-84.

ORMEL, E.; HERMANS, D.; KNOORS, H.; VERHOEVEN, L. Cross-Language Effects in Written Word Recognition: the Case of Bilingual Deaf Children. *Bilingualism: Language and Cognition*, Cambridge (UK), v. 15, p. 288-303, 2012.

QUADROS, R. M. de. Aquisição de L1 e L2: o contexto da pessoa surda. In: SEMINÁRIO DESAFIOS E POSSIBILIDADES NA EDUCAÇÃO BILÍNGUE PARA SURDOS, 1997. *Anais*... Rio de Janeiro: INES, Divisão de Estudos e Pesquisas; Ed. Líttera Maciel Ltda., 1997. p. 70-87.

SACKS, O. *Vendo vozes*: uma viagem ao mundo dos surdos. Tradução de Laura Teixeira Motta. São Paulo: Companhia das Letras, 1998.

SILVA, G. M. *Lendo e sinalizando textos*: uma análise etnográfica das práticas de leitura em português de uma turma de alunos surdos. 2010. 222f. Dissertação (Mestrado em Educação) – Faculdade de Educação, Universidade Federal de Minas Gerais, Belo Horizonte, 2010.

SILVA, G. M. Transitando entre a Libras e o português na sala de aula: em busca de estratégias visuais de ensino. *Revista X*, Curitiba, v. 13, n. 1, p. 206-229, 2018.

SILVA, S. G. L. *Compreensão leitora em segunda língua de surdos sinalizantes da Língua de Sinais*: um estudo comparativo entre estudantes de uma educação em ambiente bilíngue e não bilíngue. Tese (Doutorado em Linguística) – Faculdade de Letras, Universidade Federal de Santa Catarina, Florianópolis, 2016.

SHOOK, A.; MARIAN, V. Language Processing Across Modalities: Insights from Bimodal Bilingualism. *Cognitive Sciences*, v. 5, n. 1, p. 57-98, 2010.

STRONG, M.; PRINZ, P. Is American Sign Language Skill Related to English Literacy? In: CHAMBERLAIN, C.; MORFORD, J. P.; MAYBERRY, R. R. (Ed.) *Language Acquisition by Eye*. Mahwah: Lawrence Erlbaum Associates, 2000. p. 131-141.

DESAFIOS DO ENSINO DE LÍNGUA PORTUGUESA COMO L2 PARA SURDOS EM UM CURSO DE ENSINOS MÉDIO E TÉCNICO INTEGRADOS

Renato Messias Ferreira Calixto

1. UMA BREVE INTRODUÇÃO SOBRE O CONTEXTO EM ANÁLISE

Este capítulo trata da realidade do ensino de Língua Portuguesa na perspectiva da segunda língua para surdos, no Instituto Federal de Educação, Ciência e Tecnologia de Santa Catarina, Câmpus Palhoça Bilíngue. Situado na cidade de Palhoça, região metropolitana da grande Florianópolis, esse é o primeiro e único câmpus da Rede Federal dos Institutos Federais com uma proposta bilíngue de educação com enfoque na Língua Brasileira de Sinais e na Língua Portuguesa, na modalidade escrita. O Câmpus Palhoça Bilíngue foi fundado em 2010 e ficou alocado por aproximadamente três anos em espaço cedido pela Prefeitura de Palhoça. Posteriormente, no ano de 2013, inaugurou sua sede própria onde, desde então, são desenvolvidas suas atividades de ensino, pesquisa e extensão.

A proposta educacional do Câmpus Palhoça Bilíngue se consolida com base em dois itinerários formativos: educação bilíngue, e multimídia. Nessa medida, os cursos ofertados pela instituição dialogam, obrigatoriamente, com essas duas propostas de formação educacional e profissional.

Uma das características da educação básica, técnica e tecnológica, materializadas na Rede Federal de Educação por meio dos Institutos Federais de Educação,

Ciência e Tecnologia, é o processo de verticalização do ensino, uma vez que essas instituições oferecem o Ensino Técnico Profissionalizante (integrado ou concomitante ao Ensino Médio, e ou subsequente), além de cursos de graduação, de pós-graduação lato e stricto sensu, e cursos de formação inicial e continuada (FIC).

O histórico de cursos oferecidos pelo Câmpus Palhoça Bilíngue compreende: 1) Curso Técnico Subsequente em Produção de Materiais Didáticos Bilíngues (oferta encerrada); 2) Curso Técnico Subsequente em Tradução e Interpretação de Libras e Língua Portuguesa (curso em processo de extinção); 3) Curso Técnico Bilíngue Integrado ao Ensino Médio em Comunicação Visual (turma de discentes surdos); 4) Curso Técnico Integrado ao Ensino Médio em Comunicação Visual (turma de discentes ouvintes); 5) Curso Técnico Integrado ao Ensino Médio em Tradução e Interpretação em Língua Brasileira de Sinais e Língua Portuguesa; 6) Curso Técnico Integrado ao Ensino Médio em Manutenção e Suporte em Informática (PROEJA - Educação de Jovens e Adultos); 7) Curso Superior de Tecnologias em Produção Multimídia; 8) Curso Superior de Licenciatura em Pedagogia Bilíngue; 9) Curso de Especialização em Educação de Surdos: Aspectos Políticos, Culturais e Pedagógicos (lato sensu); 10) Curso de Especialização em Tradução e Intepretação de Libras e Língua Portuguesa (lato sensu); e 11) cerca de uma dezena de cursos de formação inicial e continuada, entre os quais, o Curso de Língua Portuguesa com L2 para Surdos.

Em específico no que se refere à educação de surdos, há um curso de ensino técnico integrado ao Ensino Médio voltado para pessoas surdas: o Curso Técnico Bilíngue Integrado ao Ensino Médio em Comunicação Visual. Esse curso tem duração de quatro anos e, conforme prerrogativa estrutural dos cursos técnicos integrados ao Ensino Médio, compreende disciplinas das áreas comuns (propedêuticas) e disciplinas técnicas da área de formação profissional.

As turmas das quais os discentes surdos e surdas fazem parte são turmas bilíngues e, conforme determina o Projeto Pedagógico do Curso (PPC), a língua de instrução é a Língua Brasileira de Sinais. Todavia, nem todos os docentes que atuam nesse curso são bilíngues. Portanto, há aulas de determinadas disciplinas em que há a presença de TILS – Tradutores e Intérpretes de Língua Brasileira de Sinais e Língua Portuguesa –, que medeiam a comunicação entre docentes e discentes.

Importante salientar que, não obstante alguns docentes não serem usuários da Língua Brasileira de Sinais, há preocupação por parte desses educadores em pensar as aulas na perspectiva de uma pedagogia para a educação de surdos, a qual busca privilegiar tanto os aspectos imagéticos na construção das aulas e dos materiais didáticos, como em relação ao acervo de conhecimento enciclopédico dos discentes. Isso faz com que as aulas estejam em consonância com as experiências linguageiras, bem como os conhecimentos das línguas envolvidas nos processos de ensino e de aprendizagem, a saber a Língua Brasileira de Sinais e a Língua Portuguesa em sua modalidade escrita.

No que diz respeito à disciplina de Língua Portuguesa para Surdos, os três profissionais que a lecionam no câmpus são bilíngues, usuários plenos da Língua Brasileira de Sinais, e desenvolvem pesquisas acadêmico-científicas na área dos estudos surdos, compreendendo o ensino de Língua Portuguesa como L2 para surdos e políticas linguísticas. Todos esses servidores, além de lecionar para turmas de alunos surdos, também atuam com turmas de alunos ouvintes nos cursos de diversos níveis ofertados pela instituição. A equipe de docentes conta também com uma professora bilíngue da área de pedagogia bilíngue, que tem atuado no Curso FIC de Português como segunda língua para surdos, em especial nos módulos introdutórios, nos quais há um intercâmbio muito forte entre os processos de aprendizagem de língua e de letramento.

Com relação às unidades curriculares de Língua Portuguesa e Literaturas, na proposta do ensino de segunda língua para surdos, são ofertadas as seguintes disciplinas: Língua Portuguesa e Literaturas como L2 para Surdos I, II, III, IV, V, VI, VII e VIII, no curso Técnico Bilíngue Integrado em Comunicação Visual; Língua Portuguesa como L2 para Surdos, no curso superior em Tecnologia em Produção Multimídia; Português Escrito como Segunda Língua para Surdos I, II, III, IV, V e VI, no curso de Formação Inicial em Português Escrito como Segunda Língua para Surdos.

Outras disciplinas previstas no campo das linguagens – tais como Análise e Produção Textuais I e II, no curso superior em Licenciatura em Pedagogia Bilíngue; Comunicação e Expressão I e II, no curso de curso Técnico Subsequente em Tradução e Interpretação de Libras; e Seminário de Pesquisa (metodologia do trabalho científico), na especialização em Educação de Surdos: Aspectos Políticos, Culturais e Pedagógicos – em caso de discentes surdos inscritos, são ofertadas na modalidade da L2, em turma criada especificamente para o ministério dessa disciplina para esse público. Ou seja, há constante preocupação da instituição para que a licenciatura da Língua Portuguesa na modalidade escrita e na perspectiva da segunda língua para surdos seja ofertada conforme as preconizações teórico metodológicas para o ensino de segunda língua, os quais são fruto de estudos da área da linguística aplicada.

2. A PERSPECTIVA DO ENSINO DE PORTUGUÊS ESCRITO COMO L2 PARA SURDOS

Em um primeiro momento, crê-se que a discussão em torno do ensino da Língua Portuguesa como segunda língua para surdos está diretamente associada a uma proposta de política linguística, abordagem esta que dialoga com a proposta de educação bilíngue para surdos. Para Calixto (2013, p. 49):

> Uma importante discussão trazida pelas políticas linguísticas da primeira década do século XXI, no Brasil, em relação à Língua de Sinais Brasileira, está assentada no movimento criado a fim de reconhecer que a variante Língua Portuguesa falada no Brasil é para cidadãos surdos uma segunda língua.

Ainda segundo o autor,

> Esse quadro situacional acima colocado fez com que, ancorados nos estudos da linguística aplicada, a Língua Portuguesa Brasileira fosse reconhecida como uma segunda língua para surdos, fator que leva a escola a adaptar-se metodologicamente de forma a atender a esse público. Entretanto, por mais que a legislação aborde essa problemática, que exige a intervenção de políticas sobre a língua para a plena inclusão de surdos nas escolas brasileiras, uma mudança mais profunda faz-se necessária a fim de que o sistema escolar reconheça a necessidade de iniciativas didático pedagógicas, bem como estruturais, no que tange à organização da sala de aula, à oferta de material didático específico, à presença de educadores especializados para o ensino bilíngue Libras-Língua Portuguesa, o ensino da variante brasileira da Língua Portuguesa como PL2, a oferta da disciplina Libras como língua materna e meios de avaliação atendendo às especificidades da linguagem e língua utilizadas pelas pessoas surdas. (CALIXTO, 2013, p. 51).

Ou seja, antes de tudo, a concepção do ensino de Língua Portuguesa com L2 para surdos deve estar assentada em políticas linguísticas que assegurem, com base no arcabouço legislativo brasileiro, condições de exercício dessa prática didática. Isso sobretudo porque por muito tempo, e ainda nos dias atuais, viu-se condições de magistério dessa disciplina em desacordo com as postulações a que estudos e pesquisas chegaram sobre essa metodologia de ensino.

Em um segundo momento, faz-se importante salientar que as reflexões que se buscam aqui tomam como referência uma concepção na qual o trabalho com a Língua Portuguesa para Surdos se sustenta na ideia de que essa língua é aprendida por esses sujeitos. Essa distinção se mostra importante, uma vez que poder-se-ia trabalhar, também, com a perspectiva da aquisição; contudo, as especificidades fisiológicas e socioculturais da pessoa surda exigem-nos a diferenciação do olhar no que diz respeito aos processos de contato e internalização da língua se comparados com pessoas ouvintes. Nesse meandro, Neves (2017) afirma:

> Para os surdos, as discussões sobre a aquisição e a aprendizagem de uma segunda língua são ainda mais complexas, pois a primeira língua – língua de sinais – nem sempre é adquirida desde a mais tenra idade e a segunda língua – Língua Portuguesa – ocupa um papel central nas escolas, sem considerar a singularidade linguística e a realidade dos alunos surdos. Nesse sentido, por entender que o aprendizado da Língua Portuguesa pelos surdos nunca vai ser algo natural, tendo em vista que a condição física desses sujeitos é incompatível à modalidade oral/auditiva, bem como a necessidade de instrução formal para a aprendizagem da modalidade escrita dessa língua, assume-se neste estudo o termo aprendizado de segunda língua. (NEVES, 2017, p. 42-43)

Isso posto, busca-se aqui afirmar essa visão teórico-metodológica em consenso com uma abordagem que reconheça a necessidade premente de que a língua materna dos surdos seja desenvolvida desde a mais terna idade e que lhes sejam assegurados o direito à aquisição da L1, tanto em espaço extraescolar como escolar, sendo que, neste segundo caso, deverá ser sistematizada na perspectiva do ensino da L1.

Em um terceiro momento, crê-se que para o sucesso de uma proposta educacional bilíngue para surdos, a qual reconheça a Língua Portuguesa em sua modalidade escrita como uma segunda língua para surdos, faz-se indispensável trabalhar na perspectiva de que, não obstante seja a língua majoritariamente falada na sociedade brasileira nesse contexto, ela não deve ocupar o lugar de destaque na formação dos sujeitos surdos, uma vez que para o ensino da Língua Portuguesa escrita é a Libras que possibilita o acesso dos educandos a essa segunda língua.

Um importante movimento é o de rompimento com uma lógica que confere à Língua Portuguesa um status de superioridade, quiçá de uma infundada supremacia na relação com a Língua Brasileira de Sinais. Conforme apresenta Quadros (2010),

> As propostas bilíngues estão estruturadas muito mais no sentido de garantir que o ensino de português mantenha-se como a língua de acesso ao conhecimento. A língua de sinais brasileira parece estar sendo admitida, mas o português mantém-se como a língua mais importante dos espaços escolares. (QUADROS, 2010, p. 32)

Superar esse paradigma é necessário para que a escola não apenas mensure o desenvolvimento dos discentes com base em sua habilidade no uso de sua segunda língua, mas também que essa segunda língua seja um instrumento de oportunização ao acesso a mais informações. Nunca é demais relembrar que a língua de instrução do sujeito surdo é a língua de sinais, a qual lhe coloca a par de maneira mais acessível, e consecutivamente, confortável, a conteúdos e conhecimentos cuja barreira linguística com a Língua Portuguesa inviabilizaria o mesmo alcance que a língua de sinais lhe assegura. Assim, é papel da escola compreender e, por meio de políticas linguísticas, assegurar que a língua de sinais terá tanto prestígio quanto a Língua Portuguesa escrita.

3. A REALIDADE DISCENTE DO CÂMPUS

Na reflexão a que nos propusemos nesse texto, restringimo-nos ao contexto educacional dos 31 alunos do curso Técnico Bilíngue Integrado em Comunicação Visual, neste 1º semestre de 2019. Há mais discentes surdos no câmpus em outros cursos de outros níveis de formação, contudo, não nos dedicaremos aqui a essa realidade.

As alunas surdas e os alunos surdos que ingressam no Câmpus Palhoça Bilíngue para cursar os Ensinos Médio e Técnico Integrados, na sua maioria, concluíram recentemente o Ensino Fundamental. Com uma média etária pouco acima da idade regular para o Ensino Médio, o grupo, praticamente em sua totalidade, é egresso de escolas públicas estaduais de filosofia educacional inclusa.

O primeiro estranhamento com que os discentes se deparam é o fato de estudarem em uma turma específica para surdos, com um número reduzido de alunos (são ofertadas no máximo 20 vagas a cada ingresso e a cada processo seletivo têm sido preenchidas em torno de 50% dessas vagas). Outro ponto que chama a atenção das alunas e dos alunos diz respeito à existência de professores proficientes em Língua Brasileira de Sinais, os quais lecionam diretamente nessa língua. Há, certamente, outras características do Ensino Técnico e da instituição que são inéditas para os discentes, tais como a organização curricular, que contempla disciplinas comuns e técnicas; a organização da modulação de algumas disciplinas do curso, que passam ser semestral e não mais anual; a possibilidade da participação em projetos de pesquisa e extensão; a convivência com estudantes do Ensino Superior e da Pós-graduação, entre outras peculiaridades próprias de uma instituição de Educação Básica, Técnica e Tecnológica da Rede Federal de Educação.

Por outro lado, os docentes, bem como os demais atores educacionais envolvidos no processo de formação desses jovens, também lidam com estranhamentos e desafios com a chegada desse público, sobretudo no que tange à não apropriação da Língua Portuguesa na modalidade escrita pelos discentes surdos. E, nesse ponto, cabe ressaltar que tanto as áreas propedêuticas - cultura geral, como as técnicas externalizam tal preocupação, uma vez que as limitações na leitura e na escrita em Língua Portuguesa dificultam e exigem a criação de estratégias múltiplas, pelos próprios docentes e pelo setor pedagógico da instituição, para tentar assegurar aos educandos o direito ao acesso ao conteúdo e à formação humanística e técnico-profissional.

Todavia, em alguns casos, a preocupação se expande em virtude do fato de esses discentes surdos (em proporção minoritária, é verdade) por vezes chegarem ao Ensino Médio sem mesmo utilizarem plenamente a Língua Brasileira de Sinais, fator que complexifica ainda mais o processo de formação escolar.

Essa realidade denuncia a grave situação vivida no Ensino Fundamental por alunos surdos que muitas vezes são negligenciados de seu direito a uma educação de qualidade e que realmente seja emancipatória. Educação essa que oportuniza aos surdos o aprendizado pleno que, por meio do uso da Libras e da Língua Portuguesa escrita, lhes permite acessar espaços na vida social, estudantil, bem como no mundo do trabalho. Observa-se, portanto, a prática comum, e no mínimo questionável, da aprovação automática ao longo da educação básica, nos anos iniciais e finais do Ensino Fundamental.

Na seção a seguir, expõe-se para exercício de reflexão as estratégias encontradas na tentativa de superar essas dificuldades.

4. AS ESTRATÉGIAS PARA CONTORNO DAS DIFICULDADES ENCONTRADAS

Acerca das dificuldades no uso da Língua Brasileira de Sinais pelos alunos surdos do Câmpus Palhoça Bilíngue, é importante destacar que, ao longo da formação pela qual passam na instituição, são ofertadas quatro disciplinas regulares de Língua Brasileiras de Sinais como Língua Materna. Elas compõem a matriz curricular do curso e buscam desenvolver habilidades linguísticas e reflexões sobre os aspectos socioculturais inerentes à manifestação dessa língua minoritária da qual os discentes são usuários.

Embora essas unidades curriculares sejam disponibilizadas aos estudantes, observa-se a necessidade da criação de outras estratégias para a aquisição e o aprimoramento no uso da Libras pelos sujeitos surdos, alunos do curso. É verdade, ainda, que a imersão linguística e cultural que o câmpus proporciona aos discentes (surdos e ouvintes), haja vista a presença de docentes e discentes surdos, ouvintes membros da comunidade surda usuários da Língua Brasileira de Sinais e a oferta dessa disciplina aos discentes ouvintes, potencializa o usos da Libras nos mais diversos espaços da instituição, colocando esses sujeitos surdos em contato diário e contínuo com a língua.

Embora as possibilidades supracitadas sejam de grande relevância, mostrou-se necessário, ainda, pensar outras estratégias para, a partir do desenvolvimento da Língua Materna desses sujeitos, a instituição conseguir agir sobre um desafio que estava/está posto: o uso da Língua Portuguesa na modalidade escrita.

As dificuldades apresentadas pelos alunos em relação à Língua Portuguesa giram em torno de vários aspectos de ordem linguística: há aqueles que ainda não possuem o domínio de vocabulário; há aqueles que dominam o vocabulário da Língua Portuguesa de maneira muito basilar; outros têm certo domínio de vocabulário isolado do contexto textual (realizam apenas a leitura do léxico); há aqueles que leem textos simples e que conseguem identificar algumas informações abordadas em alguns gêneros textuais; e aqueles (número significativamente pequeno de alunos) que conseguem extrair de um texto um pouco mais complexo (notícias, reportagens, textos didáticos, textos técnicos) os conteúdos apresentados.

Portanto, uma palavra que bem define a realidade vivenciada pelo câmpus no que tange à Língua Portuguesa escrita e ao conhecimento enciclopédico ou conhecimento de mundo (o qual pode, também, além da língua de sinais, ser apreendido e aprendido pela Língua Portuguesa escrita) é heterogeneidade. As turmas são substancialmente heterogêneas, aspecto que coloca uma série de desafios para os discentes das diversas e distintas disciplinas e, em maior medida, aos docentes de Língua Portuguesa como L2 para Surdos.

Por conseguinte, diante desse quadro díspar, uma das estratégias pensadas pela instituição foi a reformulação do curso de formação inicial e continuada, o qual poderia, paralelamente à formação regular do curso técnico, dar aporte aos estudantes e, consecutivamente, aos docentes, em relação ao tema da Língua Portuguesa escrita. Dessa feita, hoje, o câmpus conta com um curso de formação inicial e continuada, denominado curso de Formação Inicial em Português Escrito como Segunda Língua para Surdos, o qual está em consonância com o Quadro Europeu Comum de Referência para Línguas: aprendizagem, ensino e avaliação (QECR, 2001). Tomando como referência o QECR, o curso foi proposto com 360 horas aula, divididas em frações idênticas de 60 horas aula cada. São seis módulos, cada qual com objetivos específicos no ensino e na mensuração dos conhecimentos dos aprendizes da Língua Portuguesa em sua modalidade escrita. Para a matrícula no respectivo curso, está previsto um exame de nivelamento, composto por uma prova por meio da qual se identifica em qual módulo o candidato está apto a participar. Dessa maneira, busca-se selecionar e classificar os alunos com vista a aproximar o nível de conhecimento da Língua Portuguesa deles, evitando um panorama muito heterogêneo de conhecimentos sobre a língua objeto de estudo em sala de aula. Todos os alunos surdos do Campus Palhoça Bilíngue, bem como a comunidade acadêmica, podem pleitear vaga em um desses seis módulos. Na realidade, busca-se incentivar sempre os estudantes a fazerem o curso, que ocorre em horário de contraturno de suas aulas, desvencilhando-os de empecilhos que poderiam levá-los a não realizá-lo.

Outro ponto importante para a instituição diz respeito à orientação dos discentes sobre a importância dos estudos extraclasse (seja na residência do aluno, seja na própria instituição, inclusive nos horários que os docentes dedicam especificamente para esse fim). Muitos discentes surdos, por não terem vivido uma experiência educacional plena no Ensino Fundamental, chegam aos Ensinos Médio e Técnico sem saber como estudar ou se organizar para esse propósito. Muitos, inclusive, compreendem e resumem o ato de estudar à realização de cópias dos conteúdos contidos no quadro branco, nos livros, nos sites pesquisados e etc. Esse ponto, por sua vez, está diretamente associado a um outro aspecto que necessita ser contemplado nas ações promovidas pela escola e com grande ênfase pelas instituições educacionais que trabalham com surdos: a formação dos familiares de surdos para as especificidades de linguagem e educacionais desses alunos.

Desconhecedores das implicações advindas da surdez, caso o surdo não tenha acesso desde a mais tenra idade à sua língua materna, a língua de sinais, muitos familiares de surdos não atuam, não incidem de maneira profícua sobre a educação desses estudantes, as quais como quaisquer outras crianças necessitam do envolvimento contínuo da família nos processos de humanização e de escolarização das crianças e jovens. No caso dos alunos surdos há um fator agravante: o fato de mães, pais ou responsáveis geralmente, não utilizarem a língua da criança ou do jovem, impossibilitando a inserção daquele sujeito no universo cultural da sociedade em que vive.

Deve-se sempre buscar, portanto, aproximar os familiares da instituição escolar, seja para o acompanhamento dos educandos, seja para a inserção desses familiares em cursos de Língua Brasileira de Sinais como L2, visando tê-los como um suporte para a escola no que se refere à formação acadêmica dos alunos surdos.

Um outro desafio que se coloca na licenciatura da Língua Portuguesa como segunda língua para surdos, refere-se à escassez de materiais didáticos específicos. Os profissionais que trabalham nessa área, seja em que contexto for, necessitam cotidianamente produzir os materiais com os quais trabalham em sala de aula e, levando-se em consideração a heterogeneidade que vivenciam em sala de aula, necessitam recorrentemente produzir materiais distintos para contemplar os diferentes públicos com os quais lidam.

Neves (2017, p. 52), salienta que:

> Ao professor, cabe a responsabilidade de planejar, selecionar textos "de verdade", e não recortes de um português que só existe na sala de aula. Além disso, é preciso dialogar com os textos imagéticos, contextualizar visualmente o texto, fazer com que eles compreendam e não somente automatizem o processo de leitura e escrita.

A produção desses materiais didáticos, com base nas exigências da especificidade desse ensino de língua, demanda bastante tempo do professor, já que a seleção de textos de diversos gêneros textuais – textos verídicos, socialmente utilizados – requer, ainda, a seleção de outros tantos textos imagéticos que dialoguem com os textos verbais. Portanto, o educador, cada vez mais, deve explorar a utilização de textos multimodais com vistas a que a informação seja apreendida pelo surdo de maneira mais frutífera.

5. ALGUMAS POUCAS E PROVISÓRIAS CONSIDERAÇÕES

Em virtude de todas as observações realizadas ao longo deste ensaio, podemos chegar a algumas considerações e inquietações no que se refere ao ensino de Língua Portuguesa como segunda língua para surdos em cursos de Ensinos Médio e Técnico Profissionalizantes Integrados, as quais, desconsideradas as devidas proporções, em alguma medida, podem ser replicadas para o ensino de Língua Portuguesa para surdos em outros níveis e modalidades de cursos. É ponderado de nossa parte reafirmar que as experiências de linguagem pelas quais passaram e passam os sujeitos surdos são muito distintas umas das outras e, portanto, engendram realidade educacionais divergentes. Isso posto, com base nos pontos supracitados, observa-se alguns desafios colocados: 1) a heterogeneidade do uso da Língua Brasileira de Sinais e do conhecimento da Língua Portuguesa escrita é um primeiro dilema a ser enfrentado pelo educador em sala de aula; 2) a falta de materiais didáticos próprios para a licenciatura da disciplina; 3) a não compreensão, por parte dos discentes, da importância e da necessidade de leitura e escrita na formação escolar e profissional; 4) a ausência de empenho e cooperação da família no incentivo e orientação do estudante no que se refere ao contato e uso modalidade escrita da Língua Portuguesa.

Logo, caberá à instituição educacional encontrar meios para que se diminua a distância de conhecimentos existentes entre os discentes. É certo, porém, que em se tratando do fenômeno, da capacidade, da faculdade da linguagem e de um processo como o aprendizado de uma língua, quaisquer ações pedagógicas que venham a ser implementadas para a tentativa de amainar a problemática exigirão grande labor de esforços e tempo para que se obtenha sucesso na empreitada.

No que toca à carência de materiais didáticos para o ensino de Língua Portuguesa como segunda língua para surdos, não apenas no contexto educacional relatado mas também naqueles em que há alunos surdos, são as e os docentes que assumem esse compromisso de produção dos materiais utilizados em sala de aula, bem como daqueles que os discentes utilizam como consulta para os estudos extraescola. Nesse ponto, é responsabilidade da instituição de educação reconhecer que deve assegurar aos docentes condições materiais e de tempo suficientes para a elaboração desses recursos didáticos, os quais são indispensáveis para o desenvolvimento do trabalho pedagógico com o púbico surdo.

Por sua vez, o processo de conscientização dos surdos sobre a importância da Língua Portuguesa escrita em suas vidas, nas esferas pessoal e profissional, passa pelo entendimento de que a disciplina de Língua Portuguesa para surdos extrapola o universo metalinguístico dos aspectos gramaticais e textuais próprios da língua. Na medida em que diversos gêneros textuais são trabalhados em sala de aula (dentro das possibilidades de compreensão dos diferentes públicos em uma mesma classe), uma série de assuntos são, muitas vezes, vistos com ineditismo pelos alunos surdos. Assim, a aula de Língua Portuguesa, mais que um espaço exclusivo para o aprendizado da língua, torna-se um espaço de letramento, tanto pela língua objeto de estudo daquela aula, como pelo espaço de compartilhamento de conhecimentos, de expressão de visões de mundo, que a aula assume. A aula arroga para si um lócus de descobertas, cuja compreensão dos assuntos abordados se faz necessária para que o sujeito educando possa, posteriormente, após longa e demorada discussão por meio da língua de sinais, expressar, por meio de sua segunda língua, a Língua Portuguesa na modalidade escrita, sua percepção e suas opiniões sobre os conteúdos abordados.

Por fim, o processo de escolarização de alunos surdos – e em considerável grau a disciplina de Língua Portuguesa como segunda Língua para surdos, já que é comum a preocupação de mães, pais e responsáveis desses alunos com a inabilidade de seus filhos e de suas filhas com a escrita e leitura em Língua Portuguesa – tem a incumbência de aproximar o quanto possível a família da escola. O desenvolvimento linguístico e, consequentemente, cognitivo, intelectual e da psique, perpassam pelo pleno desenvolvimento de linguagem e linguístico dos surdos em sua primeira língua, a língua de sinais, a qual é condição sine qua non para o aprendizado de uma segunda língua, no caso em alusão a Língua Portuguesa na modalidade escrita.

Quanto mais a família tiver acesso a informações e orientações sobre as especificidades da surdez, com base em uma leitura socioantropológica, melhor compreenderá sobre como atuar para a asseguração do avanço escolar dos filhos, o qual, indiscutivelmente, reverberar-se-á por outras esferas da vida do surdo.

Em momento algum este exto assumiu para si a intenção de esgotar a rica, necessária e urgente discussão sobre o ensino de Língua Portuguesa escrita para surdos. Muitas são as considerações de outros contextos educacionais, outras autoras e outros autores que podem contribuir com a discussão. Nosso recorte expressa uma realidade local e temporal que, devido ao dinamismo dos fenômenos linguagem e língua, pode vir a ser alterada a qualquer momento. Em verdade, essa é a nossa expectativa.

REFERÊNCIAS

CALIXTO, R. M. F. Análise documental das políticas linguísticas acerca da língua de sinais brasileira na primeira década do século XXI: a inscrição do ethos coletivo surdo nos dispositivos legais. 2013. 151f. Dissertação (Mestrado em Estudos de Linguagens) – Programa de Pós-Graduação em Estudo de Linguagens, Centro Federal de Educação Tecnológica de Minas Gerais (CEFET-MG), Belo Horizonte, 2013.

NEVES, B. C. Educação bilíngue para surdos e as implicações para o aprendizado da Língua Portuguesa como segunda língua. 2017. 271f. Tese (Doutorado em Linguística) – Programa de Pós-Graduação em Linguística, Universidade Federal de Santa Catarina, Florianópolis, 2017.

ALVES, J. M. Quadro europeu comum de referência para as línguas: aprendizagem, ensino, avaliação. Conselho da Europa. Porto: Edições Asa, 2001.

QUADROS, R. M. O "BI" de bilinguismo na educação dos surdos. In: FERNANDES, E. (Org.). Surdez e bilinguismo. Porto Alegre: Mediação, 2010. p. 27-37.

PROPOSTA DE MATERIAL DIDÁTICO NO ENSINO DE PORTUGUÊS COMO SEGUNDA LÍNGUA PARA ALUNOS SURDOS NOS ANOS INICIAIS: PERCEPÇÕES DAS DOCENTES QUANTO AO USO DO MATERIAL

Luciana Freitas

1. INTRODUÇÃO

Com base no conto infantil *A verdadeira história dos três porquinhos* foi cuidadosamente elaborado um material didático de acordo com a noção de multimodalidade. Em seguida, analisou-se seu uso pelas professoras que a ele tiveram acesso envolvidas na pesquisa e foram descritas as percepções desse instrumento pedagógico por parte delas. Investigou-se, assim, o processo de ensino de leitura da língua portuguesa (LP) para alunos surdos nos anos iniciais do Ensino Fundamental com apoio nesse material didático. Neste capítulo, um recorte da minha pesquisa de mestrado, apresento os resultados obtidos com as professoras sobre o material proposto, com base nos questionários respondidos nos dois contextos da pesquisa.

Os contextos da pesquisa foram duas turmas de duas escolas públicas localizadas em Belo Horizonte, MG. A primeira turma, da rede municipal de educação, contava com uma aluna surda inserida entre alunos ouvintes e com a presença de intérprete; a outra turma, da rede estadual de ensino, contemplava somente alunos surdos e com outras deficiências associadas.

Nas atividades de leitura e escrita de vocabulário ou palavras-chaves da história do material didático, os alunos relacionam os personagens e o vocabulário com outras histórias e experiências; identificam as circunstâncias em que acontece a história.

A história foi apresentada em Libras de forma completa – início, meio e fim. A professora sinalizava toda a história, com a participação dos alunos, com o uso de imagens e com a LP apresentada, em partes, na modalidade escrita. O texto foi dividido com o objetivo de oferecer uma possibilidade de interpretação e apreensão do vocabulário através da Libras e imagens relacionadas a ele. Para Gesueli e Moura (2006, p. 120), "o letramento na surdez é considerado multimodal" e na

> multimodalidade, a maioria dos textos envolve um complexo jogo entre textos escritos, cores, imagens, elementos gráficos e sonoros, o enquadramento, a perspectiva da imagem, espaços entre imagem e texto verbal, escolhas lexicais, com predominância de um ou de outro modo, de acordo com a finalidade da comunicação, sendo, portanto, recursos semióticos importantes na construção de diferentes discursos. (SANTOS, 2008, p. 77).

O material didático se caracteriza, assim, como multimodal por ser apresentado sempre em duas línguas distintas, com uso de imagens seguidas de expressão facial e corporal, e por uma das línguas ser visual-espacial. Durante as atividades em sala de aula, além das trocas linguísticas (Libras e LP), houve a possibilidade de inserir outros gêneros textuais, como atividade diagnóstica e receita, para o enriquecimento do ensino da língua na prática social de letramento.

As atividades relacionadas ao texto escolhido foram criadas com base nos conceitos de alfabetização e letramento (SOARES, 2009) e na importância do bilinguismo nas atividades de leitura e escrita do português para alunos surdos (QUADROS, 2006). As atividades foram criadas para todos os alunos, dando ênfase ao uso das imagens e da escrita no português com o objetivo de tornar acessível o conteúdo para surdos. Não houve necessidade de se criar material paralelo para a aluna surda do primeiro contexto, mostrando que o mesmo material poderia ser usado por todos os alunos da turma: surdos e ouvintes. Houve por parte dos alunos ouvintes maior ganho e desempenho pelo fato de serem leitores e escritores em LP. Isso nos faz refletir sobre o processo de ensino e metodologias próprias para que o aluno surdo de fato se aproprie do conhecimento e estabeleça as trocas de saberes e interações linguísticas no contexto educacional: Libras e LP.

Após as observações da pesquisa, a professora do segundo contexto deu continuidade ao trabalho durante todo o segundo semestre de 2017, cumprindo os seus objetivos. Acredito que a professora do primeiro contexto também o faria, caso a aluna surda não tivesse mudado de turma. Contudo, as orientações continuaram na escola entre as outras professoras que atuaram com esta aluna, e a cada ano recomeçam as orientações, percepções e reflexões sobre a prática pedagógica para com esses alunos.

Além das impressões sobre o trabalho advindas das observações registradas no diário de bordo, foi aplicado ainda às professoras um questionário sobre suas percepções em relação ao material didático e possíveis contribuições para desenvolvimento dos alunos e planejamento de ensino. Nos dois contextos da pesquisa, destaco alguns pontos em comuns e específicos na avaliação das professoras, de acordo com o questionário utilizado para coletar informações.

2. A AVALIAÇÃO DA PROPOSTA PELAS PROFESSORAS: ASPECTOS COMUNS E ESPECÍFICOS

O material didático foi avaliado como muito bem orientado e elaborado, as professoras registraram que gostariam de utilizá-lo novamente com outros alunos; houve desejo de um tempo maior para aplicação e participação na criação do material; percebeu-se um desenvolvimento dos alunos em relação à leitura e à escrita do português; houve interesse em continuar o trabalho com o material, sendo que, no primeiro contexto, o trabalho foi realizado no segundo semestre com encerramento em dezembro, o que impossibilitou a continuação do trabalho, e no segundo contexto, a professora deu continuidade ao trabalho até dezembro de 2017.

Algumas questões levantadas pelas professoras para repensar o material: tempo de execução das tarefas; numeração das atividades; tamanho da fonte e espaço das atividades. O material ficou extenso em decorrência da fonte utilizada pela pesquisadora, resultando em muitas folhas de atividades, provocando cansaço nos alunos quando viam mais atividades sobre um mesmo assunto.

Podemos identificar algumas estratégias das professoras em consonância com o modelo de ARCS (LEFFA, 2007). Um delas é a atenção para despertar e manter o interesse quando cada professora escolhe contar a história à sua maneira, de acordo com seus alunos, e isso enriqueceu o trabalho. No primeiro contexto, a professora incorpora o personagem e, após a contação da história, distribui um desenho de uma xícara com uma bala, dando também relevância ao conteúdo da história. No segundo contexto, a professora conta a história com base nas imagens; aqui, percebeu-se que os alunos ficaram mais concentrados e interessados com o uso da expressão facial e corporal da professora. Em ambos os casos, as professoras dão o tom ao trabalho de alfabetização e letramento de alunos surdos, isso mostra a apropriação do material utilizado.

Nos dois contextos, as professoras fizeram menção à importância da consideração do caráter multimodal do material no ensino para alunos surdos e ouvintes. Ambas perceberam a importância das imagens para o aprendizado do português, conforme a resposta à pergunta do questionário dada pela professora do primeiro contexto: **Por que você deu a xícara com a bala ao final da contação da história?** – *"Porque tem a ver com a história contada e queria que eles levassem para casa ou guardassem no caderno uma lembrança da história ouvida."* Um dos modos de significação utilizados no ensino de leitura e escrita é o uso de imagens significativas que levem o aluno a lembrar e relacionar as imagens ao contexto.

No segundo contexto, a pergunta e a resposta foram: **Por que você optou por contar a história através das imagens?** – *"Eu optei por contar a história através das imagens porque eu acredito que a imagem venha aprimorar o entendimento, vem ajudar o aluno a compreender melhor. A imagem é um apoio juntamente com a Libras que o aluno vai entender melhor e dali dá asas à imaginação dele. A imagem ali já traz por si só contar a história. Então ali junto com a Libras junto com a escrita vem enriquecendo a história, a imagem por si só já ajuda no entendimento."*

As respostas das professoras evidenciam, mais uma vez, o objetivo da pesquisa sendo cumprido ao propor um material didático baseado na noção de multimodalidade. Nos dois contextos houve ganho e avaliação positiva sobre o uso das imagens em consonância com a Libras para o ensino do português escrito, na visão dos docentes. É importante ressaltar que o uso e a leitura das imagens estão relacionados ao conhecimento prévio do aluno: é preciso que o aluno conheça a história para relacionar as imagens representadas, tendo o cuidado para que as imagens não sejam meramente ilustrativas.

Nas atividades para alunos surdos, a multimodalidade se apresenta reunindo várias linguagens (HEMAIS, 2015): Libras, imagem e LP escrita. As professoras dos dois contextos utilizaram a multimodalidade presente nas atividades, dando espaço para o letramento dos alunos na situação de sala de aula: a Libras como língua de mediação do professor ou intérprete; a imagem como pista visual dentro do contexto, não meramente ilustrativa (FIGUEIREDO; GUARINELLO, 2013); e a LP escrita no formato de texto e atividades apropriadas para alfabetização e letramento.

Na implementação do material didático proposto, foram dadas instruções necessárias para o seu manuseio. As professoras receberam uma proposta de trabalho com quatro momentos de execução: 1) a contação da história; 2) a atividade diagnóstica; 3) a realização das atividades; e 4) momento da produção. Quanto às orientações recebidas, as duas professoras responderam que não houve dificuldade em segui-las, que gostaram da metodologia e fariam novamente outro material como aquele apresentado pela pesquisadora (ver Quadro 1).

Quadro 1 – Questionário

PERGUNTAS	CONTEXTO I	CONTEXTO 2
Houve dificuldade quanto às orientações recebidas durante a execução do trabalho?	*Não houve.*	*Não. Foi bem orientado.*
Quanto à metodologia utilizada, usaria novamente?	*Sim, faria.*	*Sim, mas com um tempo maior na execução das atividades.*
Você gostaria de elaborar outro material com as orientações da pesquisadora?	*Gostaria muito e agradeço a oportunidade de ter participado.*	*Sim, continuaremos o trabalho com esse mesmo material. Depois continuarei aberta para novas propostas.*

Fonte: Elaborado pela autora.

Já uma outra pergunta – **Houve dificuldade de propor as atividades para o aluno e você ficou apreensiva em executá-lo** – apresentou respostas diferenciadas nos dois contextos. No contexto 1, a professora percebeu um cansaço por parte dos alunos em relação à quantidade de atividades, mas percebeu que eles gostaram e que tudo correu tranquilo quanto à execução do material. No contexto 2, a professora relata que os alunos são dispersos e a dificuldade foi na concentração das atividades; não ficou apreensiva, mas com dúvidas em relação à execução do material para os alunos da turma. Considero que as respostas diferem pelo fato de que, no contexto 1, a maioria dos alunos já eram alfabetizados e, no contexto 2, por ainda estarem no desenvolvimento da leitura e da escrita, a professora tenha ficado preocupada por se tratar de uma pesquisa e os alunos terem de apresentar respostas satisfatórias.

O foco da pesquisa não está na aprendizagem dos alunos, mas foi possível perceber avanços na leitura e na escrita a partir da aplicação do material didático: **Percebeu desenvolvimento dos alunos na leitura e escrita?** – *"Todo trabalho é válido e os alunos gostaram, mas para aluna A. foi muitíssimo importante"*. (Contexto 1) – *"Sim, alguns alunos já identificam as palavras e as escrevem corretamente. Outros ainda escrevem faltando letras. Os demais alunos estão na fase do rabisco e garatujas."* (Contexto 2).

Há uma avaliação positiva quanto ao desenvolvimento dos alunos, o que tem relação com a forma como cada uma vê o seu trabalho pedagógico e executa o material, mas ainda assim temos dois contextos muito distintos. No primeiro, a aluna surda está inserida em uma turma de alunos de mesma idade, mas que são alfabetizados, por isso a fala da professora de que *"o trabalho para a aluna A. foi muitíssimo importante"*. No segundo contexto, os alunos estão inseridos em uma turma multisseriadade alunos surdos com níveis de aprendizagem diferentes no desenvolvimento da leitura e escrita no português e Libras.

Um ponto divergente na pesquisa, mas que mostra a realidade da educação dos surdos atualmente foi a presença na sala de aula da intérprete no primeiro contexto e da instrutora de Libras no segundo contexto: **Qual a sua opinião sobre o ensino do vocabulário em Libras ao final das aulas?** – *"Achei que eles gostaram muito e demonstraram muito interesse, além de ser uma forma de ajudar na interação da aluna A. com os colegas e deles com ela"* (Contexto 1). **Qual a sua opinião sobre o uso da história na aula de Libras?** – *"A aula de Libras contribuiu muito para a compreensão desta história. Os alunos recontam adequadamente. A instrutora S. fez um ótimo trabalho"* (Contexto 2).

Outra situação que chamou a atenção na pesquisa refere-se ao lugar dos alunos surdos dentro da sala de aula em cada contexto, foi possível observar a relação dos alunos na sala de aula e fazer algumas inferências sobre cada contexto de acordo com a resposta das professoras. No primeiro contexto, foi perguntado à professora: **A cada dia de observação, a aluna surda se sentava de forma diferente: dupla, em trio com colegas ou sozinha com a intérprete. Isso faz parte da rotina da sala de aula?** – *Faz sim, gosto de variar a forma como se agrupam e modifico conforme o planejamento para o dia e também gosto que eles tenham oportunidade de interagir uns com os outros. Há dias que deixo que eles escolham com quem sentar, em outros dias eu faço a escolha.*

A resposta da professora foi ao encontro do que eu penso sobre o papel do professor de promover a interação dos alunos e proporcionar a eles, durante o uso do material didático, esses momentos de diálogos e troca de informações e experiências. Observei os colegas se comunicando em Libras e em português oral. Essas duas línguas estão presentes na sala de aula com a predominância da língua oral, mas aos poucos percebi que a Libras começava a fazer parte dessa sala de aula. Um vocabulário restrito, claro, mas percebia-se o desejo dos alunos em se comunicar e se relacionar através dele. Essa observação também me fez pensar sobre a inclusão desses alunos na escola regular e, em nenhum momento, percebi a aluna distante ou fora do contexto da sala de aula por apresentar perda auditiva.

No segundo contexto, a professora respondeu à seguinte pergunta: **Em cada dia de observação os alunos sentavam um do lado do outro e alguns alunos atrás, por quê?** – *A sala é pequena e não cabe todos os alunos numa fileira só, confortavelmente, e também para facilitar deslocamento entre as carteiras.*

Nesse contexto, o espaço da sala de aula era menor e alguns alunos, por apresentar uma deficiência associada a surdez, não se comunicavam com os outros alunos. Isso me fez pensar sobre o papel da escola e as interações dentro dessa sala de aula, mas mesmo assim foi possível observar uma interação dos alunos com o material didático, por meio de atividades acessíveis, a partir do mesmo conteúdo.

Nas perguntas finais indaguei sobre o que poderia contribuir para o maior aproveitamento e reflexão sobre o material didático produzido para a pesquisa e posteriormente apresentá-lo como sugestão, promovendo discussões sobre materiais didáticos para alunos surdos nesta fase de desenvolvimento da leitura e escrita. O Quadro 2 nos mostra as percepções das professoras quanto às perguntas abaixo.

Quadro 2 – Questionário

PERGUNTAS	CONTEXTO I	CONTEXTO 2
O que você considera relevante para que o material seja bem executado?	*Um tempo maior para o planejamento, pois a princípio achei que fosse levar menor tempo; apresentar o material no 1º semestre; calcular melhor o tempo de execução.*	*Melhor frequência dos alunos, participação e* ***maior tempo para executá-lo.***
Como professora alfabetizadora, você considerou que houve falhas, no material? Quais?	*Falta de numeração nas questões; melhor aproveitamento, disposição das questões,* ***queria ter tido mais tempo para analisar o material para aproveitá-lo mais****, pois trata-se de um material muito rico.*	*Não, o material é ótimo. Só* ***achei o tempo curto para executar tanta coisa*** *(digo isso, pensando nos alunos da sala).*
Você considerou o texto apropriado para as turmas, no sentido de fazer todas aquelas atividades e leituras?	*Considero que sim, apesar de ter achado que o trabalho ficou cansativo porque se estendeu muito, porém se as atividades tivessem melhor dispostas nas folhas teríamos economizado tempo e papel e o trabalho não teria se prolongado. Uma das dificuldades que percebi foi dar muitas folhas para as crianças (porque elas não estavam bem aproveitadas), cada vez que tinha que entregar outra folha tinha que motivá-los novamente, porque apesar de gostar das atividades eles achavam que era muita coisa pra fazer.*	*Para alguns alunos deu certo, mas outros não compreenderam bem as atividades e leituras.*
Qual a sua visão em relação às orientações recebidas antes e depois da execução deste material?	*Achei que foram boas as orientações na medida do possível (tempo) se tivéssemos tido mais tempo de planejar e também pudesse ter participado da elaboração do material teríamos mais aproveitamento ainda, porque o material é muito rico.*	*No começo do projeto eu de certa forma duvidei que pudesse dar certo nesta turma, mas com o passar do tempo, pude perceber interesse e participação dos alunos principalmente após a apresentação do teatro. Parabenizo a pesquisadora Luciana Freitas pelo trabalho.*

Fonte: Elaborado pela autora.

As perguntas acima apresentam pontos comuns e específicos. Nas respostas, vejo uma avaliação positiva do material, mesmo quando há críticas, pois há nas professoras dos dois contextos uma vontade explícita de participar, elaborar e executar o material. Isso mostra que há indícios de que o material possa ser usado em outros contextos, em parceria com o professor, de acordo com a situação da sala de aula, com um tempo maior de execução e considerando as peculiaridades do ensino da leitura do português escrito para alunos surdos, isto é, considerando este público-alvo específico. Ressalto que o professor deverá conhecer os seus alunos e proporcionar a eles o ensino dos conteúdos de acordo com as suas especificidades.

A realidade educacional de alunos surdos nas redes municipal e estadual é diferente de acordo com a descrição apresentada dos dois contextos de nossa pesquisa. Na primeira situação temos um profissional intérprete que faz uso da Libras na sala de aula e, durante um pequeno tempo da aula, este profissional ensina vocabulário para os alunos junto à aluna A. A professora demonstra não conhecer sobre a área da surdez e o trabalho com a aluna, mas se apresenta disposta a aplicar o material confiando na atuação da intérprete para promover o ensino das atividades. Isso mostra que nas escolas o papel do intérprete ainda se confunde com o papel do professor pelo fato de o intérprete ser usuário de outra língua da qual os profissionais da escola, família e o próprio aluno não têm conhecimento. Isso faz com que esse profissional, o intérprete, fique responsável pelo ensino da Libras e pela leitura e escrita do português e, assim, o aluno o acaba tendo como referencial de professor. Mesmo não sendo o papel do intérprete o foco da pesquisa, considero que é importante discutirmos sobre a surdez na escola. Esse assunto ainda é desafiador para professores que se veem diante de alunos que não apresentam uma língua de instrução e que precisam estar incluídos numa sala de aula na escola regular.

Ressalto novamente que não é o material em si que resolverá tal situação. Isso fica evidente, pois mesmo com material elaborado e orientações diretas, a observação revela que a professora, no primeiro contexto, não muda a situação da sala de aula comum por causa da aluna. Pareceu-me mais que ele foi usado como um material novo a ser trabalhado com alunos ouvintes ou não naquela turma.

No segundo contexto, os alunos dessa turma de surdos, de acordo com a grade curricular da escola, têm aulas de Libras com uma instrutora surda. Nesse contexto, os profissionais da escola apresentam um conhecimento sobre a surdez e Libras, mas também ainda requerem orientações quanto ao planejamento e ensino das atividades para alunos surdos. É um espaço também desafiador, há ainda no ambiente da escola profissionais que enxergam os alunos mais com a deficiência do que com uma diferença linguística. Isso acontece também por ser uma escola especial e receber alunos com outras deficiências associadas à perda auditiva ou deficiência auditiva. O material didático foi bem aceito pela professora como algo novo, o que se comprova por ela ter reconhecido a necessidade e a importância da proposta da pesquisa e também por sentir falta de materiais didáticos compatíveis com as situações dos alunos. A situação específica dos alunos surdos com outras deficiências associadas requer mais orientações e atividades acessíveis para os alunos. Uma turma com diferenças de aprendizagens mostra a riqueza das relações no ambiente escolar, proporcionando ao professor pensar e elaborar estratégias para que todos os alunos tenham acesso ao conteúdo e ao conhecimento de maneiras diferentes, porém, evitando criar atividades diferenciadas fora de contexto que não favoreçam o ensino. O Quadro 3 a seguir sintetiza as análises e discussões feitas neste capítulo.

Quadro 3 – Aspectos comuns e específicos

ASPECTOS COMUNS	ASPECTOS ESPECÍFICOS
• O material foi avaliado como bem orientado e elaborado; • Desejo de utilizar o material novamente com outros alunos; • Interesse de um tempo maior para aplicação e participação na criação do material e continuar o trabalho; • Menção ao caráter multimodal nas atividades; • Avanços na leitura e escrita dos alunos.	• Atuação do intérprete; • Atuação do instrutor; • Continuação do trabalho no segundo semestre de 2017; • Apresentação do teatro; • Vocabulário de Libras e visita da instrutora; • Estratégias de contação da história; • Disposição das carteiras na sala de aula; • Interação da professora com os alunos; • Falta de numeração, tamanho da fonte e espaço das atividades.

Fonte: Elaborado pela autora.

Essas duas realidades distintas requerem reflexões e ações quanto às práticas pedagógicas para alunos surdos, sejam eles incluídos em turmas de ouvintes, sejam matriculados em turma multisseriada numa escola especial para surdos.

A análise e a discussão nos levam a reflexões quanto ao uso e aplicabilidade do material didático específico criado para os dois contextos da pesquisa. Foi possível perceber a aceitação por parte das professoras no espaço da sala de aula e a importância da multimodalidade nas atividades da Libras e de leitura e escrita do português para surdos.

REFERÊNCIAS

FIGUEIREDO, Luciana Cabral; GUARINELLO, Ana Cristina. Literatura infantil e a multimodalidade no contexto de surdez: uma proposta de atuação. *Revista Educação Especial*, Santa Maria, v. 26. n.45, p. 175-193, jan./abr. 2013.

GESUELI, Zilda Maria; MOURA, Lia de. Letramento e surdez: a visualização das palavras. *Revista Educação Temática Digital*, Campinas, v. 7, n. 2, p. 110-122, jun. 2006.

HEMAIS, Barbara Jane Wilcox. *Gêneros Discursivos e multimodalidade*: desafios, reflexões e propostas no ensino de inglês. Campinas: Pontes Editores, 2015.

LEFFA, Vilson. Como produzir materiais didáticos para o ensino de línguas. In. LEFFA, V. *Produção de materiais de ensino*: teoria e prática. 2. ed. Pelotas: EDUCAT, 2007.

QUADROS, Ronice Muller; SCHMIEDT, MAGALI, L. P. *Ideias para ensinar português para alunos surdos.* Brasília: MEC; SEESP, 2006.

SANTOS, Záira Bomfate dos. A construção de uma leitura multimodal em língua estrangeira. *Educação em Destaque*, Juiz de Fora, v. 1, n. 2, p. 75-86, 2.sem. Juiz de Fora: 2008.

SOARES, Magda. *Letramento*: um tema em três gêneros. Belo Horizonte: Autêntica, 2009.

ESTUDANTES SURDOS COMO MINORIA LINGUÍSTICA NO ENSINO SUPERIOR: REFLEXÕES SOBRE ESPECIFICIDADES

Terezinha Cristina da Costa Rocha

1. INTRODUÇÃO

O ingresso de estudantes surdos, em números expressivos, nas Instituições de Ensino Superior (IES) brasileiras é um fenômeno relativamente recente. A chegada desses alunos está em consonância com as Políticas Públicas de ampliação do acesso ao Ensino Superior no país para grupos minoritários,[1] que historicamente não tiveram entrada nesse espaço institucional, o que ocorreu de maneira mais substancial em meados da primeira e início da segunda década dos anos 2000 (BRASIL, 2005a; BRASIL, 2007; BRASIL, 2015).

Além das Políticas Públicas de democratização do acesso ao Ensino Superior de maneira ampla, especialmente aos estudantes surdos outras ações também foram sumariamente importantes. Por exemplo, as Políticas Linguísticas ligadas ao reconhecimento da Língua Brasileira de Sinais (Libras) como língua, a regulamentação de questões ligadas aos seus usos e, ainda, as políticas que legitimaram a acessibilidade enquanto um direito (BRASIL, 2000; BRASIL, 2002; BRASIL, 2005b; BRASIL, 2014; BRASIL, 2016).

[1] Entre os grupos que historicamente não tiveram entrada significativa nas universidades brasileiras, podemos citar estudantes das classes populares, pessoas com deficiência, quilombolas, negros e indígenas.

Para além das conquistas políticas, sem contudo deixar de reconhecer a notoriedade da contribuição delas, há questões que apenas podem ser percebidas nas vivências acadêmicas. Sabemos que o acesso ao Ensino Superior, para os estudantes em geral, não é sinônimo de garantia da permanência ou de superação de possíveis barreiras. Levando em conta essas premissas, a seguinte pergunta fundamentou o início deste estudo: quais são as especificidades encontradas pelos estudantes surdos em seus percursos acadêmicos?

Considerando essa questão, e no intento de buscar mais elementos para fomentar uma discussão sobre a temática, o objetivo deste estudo foi compreender as especificidades decorrentes do grupo ser uma minoria linguística, falante da Libras, em inserção em práticas e em diferentes espaços institucionais nos quais a Língua Portuguesa ou outras línguas orais são priorizadas.

As análises aqui apresentadas se apoiam em uma pesquisa mais ampla, na qual foram acompanhadas as trajetórias de estudantes surdos de cursos de graduação de uma Instituição de Ensino Superior (IES), na cidade de Belo Horizonte, Minas Gerais. A metodologia deste recorte do estudo foi centrada na abordagem qualitativa, com a utilização de instrumentos como entrevistas semiestruturadas e observações livres com 12 estudantes surdos. Na base teórica do estudo são consideradas as abordagens dos estudos dos letramentos acadêmicos (LILLIS; SCOTT, 2007; STREET, 1984, 2014; LEA; STREET, 2006; LILLIS, 1999; LILLIS *et al.*, 2015) e estudos sobre questões que envolvem os processos de ensino-aprendizado de estudantes surdos (QUADROS, 1997; BOTELHO, 2005; NASCIMENTO, 2012; LACERDA, 2010).

Este capítulo está organizado em cinco seções. Nesta introdução foram apresentados os objetivos e a natureza do estudo. Na seção dois será apresentada uma breve abordagem sobre o ingresso de grupos linguísticos minoritários no Ensino Superior e as especificidades relacionadas aos surdos. Na seção três está a abordagem metodológica do estudo. Na seção quatro temos os resultados e discussões, e, por fim, as considerações finais.

2. MINORIAS LINGUÍSTICAS NO ENSINO SUPERIOR

A questão das minorias linguísticas, neste estudo, é vista sob a ótica da diversidade linguística oriunda do ingresso de grupos minoritários no Ensino Superior, que pode ser observada sob diferentes perspectivas e em diferentes espaços. Ainda que de maneira introdutória, para citar alguns exemplos, podemos pensar em estudantes oriundos de famílias que historicamente não tiveram acesso a esse nível de ensino; os estrangeiros ainda não fluentes na língua dos países de destino para os quais vão estudar; os indígenas não falantes das línguas predominantes nas universidades; e, finalmente, os surdos que têm as línguas orais como segunda língua, usadas na modalidade escrita.

Em análise de aspectos semelhantes a esses, os estudos de Lillis *et al.* (2015) desenvolvidos no Reino Unido, no campo dos letramentos acadêmicos, trazem questões relevantes para alguns pontos desse quadro. Os autores identificaram como *estudantes não tradicionais* aqueles que chegavam às universidades no contexto das políticas de ampliação do acesso e participação no Ensino Superior nos anos 1980. Entre tais estudantes, estavam aqueles que foram a primeira geração de suas famílias a ingressar na educação superior e, também, outros que supostamente poderiam não corresponder a certas expectativas acadêmicas quanto às práticas letradas, processos que podem ser comparados aos que o Brasil tem vivenciado nos últimos anos. Lea e Street (1998) defenderam que a não correspondência dos estudantes ao que era esperado deles nas universidades inglesas estava ligada a questões das concepções acadêmicas, e não de que eles pudessem ter "déficits". Ou seja, os autores se opõem ao entendimento de que a variedade linguística e cultural dos estudantes possa ser vista como um problema, defendendo-a como uma diferença e um recurso a ser explorado (LILLIS; SCOTT, 2007; STREET, 1984, 2014; LEA; STREET, 2006; LILLIS, 1999; LILLIS *et al.*, 2015).

No que diz respeito ao exemplo dos indígenas, os estudos de Bergamaschi, Doebber e Brito (2018), ao analisar a política afirmativa para a entrada e a permanência desses estudantes nas IES brasileiras, identificaram que, apesar das marcas profundas da desvalorização das línguas nativas e do desmantelamento histórico de suas organizações e práticas sociais, o ingresso nas universidades tem contribuído para o fortalecimento de suas lutas. Segundo as autoras, por um lado, a educação superior passou a fazer parte da vida desses povos e a presença deles nas instituições oferece possibilidades de autorreflexão a respeito das práticas pedagógicas acadêmicas e seu papel social. Por outro lado, a permanência dos estudantes indígenas ainda é um grande desafio para as universidades, visto que as diferenças linguísticas e culturais divergem do modelo homogêneo das práticas e discursos geralmente valorizados nesse nível de ensino. Ainda segundo as autoras, o diálogo e uma postura receptiva aos conhecimentos tradicionais desses povos poderia ser o primeiro passo para efetivar processos de interculturalidade e valorização da diversidade no Ensino Superior.

Trazendo essa reflexão para a proposta deste estudo, em relação aos estudantes surdos bilíngues (Libras-Português), é possível afirmar que eles também façam parte do grupo chamado de *estudantes não tradicionais*, já que, além das diferenças linguísticas, são parte de uma geração que passou por árduos processos em seu histórico de escolarização. Podemos citar, por exemplo, a obrigatoriedade, por um longo período, do ensino exclusivo da língua oral (Português), a proibição de línguas de sinais, a leitura labial adotada como forma de comunicação e outras estratégias com parcerias entre instituições escolares e serviços de saúde, que até bem pouco tempo foram largamente utilizadas. O insucesso de muitas dessas abordagens, sobretudo as de patologização da surdez e as que ofertavam aos surdos as mesmas estratégias voltadas para alunos ouvintes, sem reconhecer suas diferenças, acabou trazendo consequências escolares e o estabelecimento de uma duradoura trajetória, política e epistemológica, até a revisão dessas concepções.

A chegada dos surdos e da Libras enquanto "novidade" para muitas universidades, diferentemente de outras minorias linguísticas, gera uma demanda contínua pelo trabalho realizado pelos Tradutores Intérpretes de Língua de Sinais (TILS), com exceção dos raríssimos casos de disciplinas ofertadas diretamente em Libras – geralmente nos cursos de Letras-Libras que passaram a crescer em todo o país.

Os estudantes surdos acessam os conteúdos orais por meio dos serviços de tradução e interpretação, porém, não se trata apenas de um contato temporário como, por exemplo, quando estamos em eventos que disponibilizam cabines de tradução e fones de ouvido aos convidados. A relação entre TILS e estudantes surdos é prolongada, cotidiana, face-a-face e a ausência desses profissionais pode significar o não acesso aos conteúdos, práticas e serviços institucionais.

Em diversos estudos, nos quais se discute a atuação dos TILS, é analisada também a dimensão pedagógica que perpassa a atuação desses profissionais (NASCIMENTO, 2012; TUXI, 2009; LACERDA, 2010). Em muitos momentos apenas os TILS têm acesso às demandas e especificidades dos estudantes surdos, entendendo com uma proximidade relativamente maior a natureza de seus questionamentos. Desse modo, as interações que seriam apropriadas para a realização de discussões entre os docentes, e em um amplo debate institucional, acabam envolvendo diretamente, às vezes até exclusivamente, esses profissionais. Essa postura pode acabar contribuindo para uma visão equivocada de que apenas os TILS teriam contribuições a fazer nos processos acadêmicos dos estudantes surdos. Além disso, reforça o falacioso discurso de que a diversidade linguística seria problema e não uma diferença que pode ser explorada.

Embora ainda exista uma carência de pesquisas que explorem essas questões, no campo prático, elas vêm crescendo e se apresentando cada vez mais no âmbito das instituições. Dados do último Censo da Educação Superior mostraram que 7.828.013 estudantes realizaram matrícula em cursos superiores no país, o que representou um crescimento de 85,35% em relação a 2004, por exemplo. Com relação aos estudantes com direitos especiais,[2] o número de matrículas aumentou de 5.395 para 33.377 no mesmo período, o que representa um crescimento de 618,6% e, desse total, 5,12% apresentavam algum nível de surdez (INEP, 2014). Vale ressaltar ainda que, segundo dados do último Censo do Instituto Brasileiro de Geografia e Estatística (IBGE, 2010), cerca de 9,7 milhões de brasileiros apresentam algum grau de surdez, o que representa 5,1% da população brasileira.

Esses dados nos fazem pensar que talvez seja importante avançarmos nas discussões, buscando formas de compreender as especificidades encontradas por esses estudantes em seus percursos acadêmicos e que, possivelmente, possam subsidiar ações de permanência e democratização dos espaços acadêmicos para esses alunos.

3. PROCEDIMENTOS METODOLÓGICOS

Em busca da compreensão dos aspectos propostos, foi realizada uma pesquisa com abordagem metodológica qualitativa (LÜDKE; ANDRÉ, 2015), na qual foram utilizados os seguintes instrumentos: questionário, para conhecer o perfil dos participantes; entrevista semiestruturada; e observações livres dos encontros de monitoria oferecidas aos alunos. Participaram do estudo 12 estudantes surdos, que estavam, no momento da pesquisa, cursando a graduação em uma IES de Belo Horizonte, Minas Gerais.

As monitorias observadas foram acompanhadas por TILS, para os alunos que agendaram horários com os profissionais no setor de inclusão da IES pesquisada. A escolha das monitorias como espaço para realização das observações se deu devido ao alto número de procura e por ser um local no qual os estudantes surdos transitavam e se expressavam de maneira mais espontânea.

---

[2] A expressão "pessoas com direitos especiais" foi escolhida aqui por entender que estão contempladas nela as pessoas com especificidades que *não* são compreendidas, por diferentes grupos, como deficiência.

Os participantes foram convidados, inicialmente, por correio eletrônico com a mediação do setor de inclusão da IES. Após o aceite, foi feita a apresentação do Termo de Consentimento e Livre Esclarecido (TCLE) presencialmente, com o texto escrito e em Libras. A coleta de dados foi realizada por um período de dois meses, durante o desenvolvimento do semestre acadêmico. Aqueles que manifestaram interesse e disponibilidade em participar foram observados quando procuraram espontaneamente pelas monitorias. Já as entrevistas foram realizadas com todos por meio de agendamento prévio.

A parte empírica da pesquisa ocorreu durante o primeiro semestre de 2014 e, de maneira sintética, pode ser subdividida em três etapas: (1ª) mobilização e convite aos participantes; (2ª) exposição e esclarecimento dos procedimentos; e (3ª) aplicação dos questionários, observações e realização das entrevistas.

4. RESULTADOS E DISCUSSÃO

Inicialmente, como resultado dos questionários aplicados, foi possível identificar o perfil[3] dos participantes: predominância do sexo feminino, sendo apenas quatro entrevistados do sexo masculino; em relação à faixa etária, foi de 21 a 32 anos; quanto à surdez, uma pessoa disse ter ficado surda aos 3 anos de idade por meningite, outra aos 6 anos de idade sem saber o motivo e todos os outros nasceram surdos. No que diz respeito à língua, apenas um participante disse que tem a Libras como língua materna, três pessoas aprenderam na infância quando passaram a estudar em escola especial para surdos e todos os outros foram educados em práticas ligadas à oralização e tiveram acesso à língua sinalizada a partir do início da adolescência.

Diversos estudos destacam que a persistência em metodologias de ensino aos surdos voltadas para a oralidade resultou na produção de dificuldades nos processos de ensino-aprendizado da leitura e da escrita do Português, desconsiderando as potencialidades das estratégias visuais e da comunicação sinalizada (QUADROS, 1997;

[3] Os cursos nos quais os estudantes estavam matriculados foram ocultados neste texto de forma proposital para atender ao pedido de uma das participantes do estudo. Segundo ela, apesar das identidades serem mantidas em sigilo, a revelação do curso e do local poderia fazer com que alguns membros da comunidade surda soubessem de quem se trata, por não terem outros surdos matriculados no mesmo curso na cidade.

BOTELHO, 2005; LODI *et al.*, 2011). De acordo com um estudo realizado por Quadros (1997, p. 23), "apesar do investimento de anos da vida de uma criança surda na sua oralização, ela somente é capaz de captar, através da leitura labial, cerca de 20% da mensagem". Além disso, ainda segundo a autora, a "sua produção oral, normalmente, não é compreendida por pessoas que não convivem com ela", ou seja, as pessoas que não estão habituadas a escutar o vozeamento diferente das pessoas surdas. Esses aspectos eventualmente podem ter trazido importantes reflexos na trajetória dos estudantes participantes do estudo.

Na etapa de entrevistas, quando foram perguntados sobre o envolvimento em práticas de leitura e escrita de textos acadêmicos, os estudantes foram unânimes em dizer que enfrentavam alguma dificuldade com a Língua Portuguesa escrita e que isso dificultava suas práticas acadêmicas. Alguns deles enfatizaram mais incisivamente e outros menos, contudo, sempre reiterando que as relações com textos registrados em Libras tornavam as práticas mais acessíveis.

Apesar do avanço de estudos e de programas nacionais governamentais em relação à alfabetização em todo o país, há ainda um grande desafio nessa etapa do ensino para pessoas surdas, o que remete à insipiência de iniciativas voltadas para as diferentes facetas que envolvem essa questão, evidenciadas em sua estreita relação com a precariedade da formação docente para atuar nesse campo.

Algumas pesquisas relatam que existem poucas experiências bem-sucedidas nesse campo, partindo de iniciativas subjetivas de alguns professores, turmas, ou instituições que se dedicaram a experimentar e tentar construir, no próprio contexto escolar, estratégias de transposição didática voltadas à alfabetização e ao letramento de estudantes surdos (LODI *et al.*, 2011; SCHEMBERG *et al.*, 2009).

Com relação aos textos orais (aulas, seminários, apresentações de trabalhos, palestras, entre outros), segundo os participantes do estudo, eram mais tranquilamente compreendidos e de fácil interação com os interlocutores devido ao processo de tradução realizado pelos TILS, embora dois participantes tenham se queixado de não terem interagido de forma mais ativa das discussões em sala, fazendo perguntas em seminários e outras atividades –, por certo medo de não terem conseguido compreender bem o contexto. Sobre essa questão, um dos participantes relatou que o intérprete lhe pedia que contasse para ele antes o que pretendia dizer à turma ou ao professor, para que ele avaliasse se o conteúdo de sua fala era coerente. Quanto à escrita, a maior parte dos participantes disse que solicitava uma revisão do Português para pessoas ouvintes.

Em uma das entrevistas realizadas, por ter sido semiestruturada e o entrevistado surdo ter desenvolvido mais o diálogo a partir das questões, foi possível indagá-lo sobre o seu posicionamento quanto à inserção em uma sociedade na qual a grafia está presente em todos os ambientes. E, também, foi possível perguntar-lhe sobre as oportunidades de manifestar um posicionamento crítico-reflexivo e de sua relação com os diferentes gêneros acadêmicos. Seu posicionamento foi o seguinte:

> Eu realmente tenho mais desenvoltura com a Libras, é natural e mais clara para mim a comunicação visual. Mas eu sei que em muitos momentos, se eu tivesse uma compreensão melhor do Português eu poderia desenvolver mais. Eu sei que muitas referências bibliográficas fundamentais, por exemplo, não têm tradução para a Libras. Mas como resolver essa questão? Um curso de Português para surdos na Universidade? Eu sei que muitas pessoas que estudam aqui não teriam tempo, trabalham e já estão ocupadas com outras tarefas. Por isso é necessário mudar nas escolas, lá que é a base, com professores especializados para ensinar aos surdos. (ENTREVISTADO F, entrevista realizada em 11/05/2014)[4]

A fala desse estudante apresenta inúmeros elementos a serem analisados e traz noções que possivelmente poderiam ser exploradas pela instituição na compreensão dos desafios enfrentados nas trajetórias desses alunos. Destaca-se a sua relação com o Português, a possibilidade de a instituição assumir essas questões por meio da oferta de cursos de Português como segunda língua e, ainda, a condição social de estudantes trabalhadores que não teriam tempo para dedicar mais horas na IES.

Uma potencial postura a ser pensada no âmbito institucional seria considerar aquilo que Street (1984; 2014) chamou de modelo de *letramentos acadêmicos*, noção na qual é assumida a necessidade de uma postura mais questionadora e crítica sobre *o que* os alunos fazem e o significando construído em suas práticas acadêmicas. Nesse modelo é defendida a concepção do reconhecimento e valorização da diversidade e das práticas de linguagem que os estudantes trouxeram consigo para a universidade (LEA; STREET, 2006; LILLIS *et al.*, 2015).

---

[4] As traduções das entrevistas da Libras para a língua portuguesa foram realizadas pela autora.

Outro assunto que emergiu nas entrevistas foi a questão dos conceitos acadêmicos e as negociações para a tradução de termos ainda não representados na Libras. A esse respeito, um dos entrevistados se posicionou da seguinte forma:

> [...] eu percebi que a maior mudança aconteceu quando eu passei no vestibular, no meu curso os professores falavam muitas palavras que não tinham sinal correspondente na Libras, a intérprete fazia datilologia [soletração com o alfabeto manual] e eu não entendia o conceito. Na medida em que o professor explicava e eu ia entendendo melhor o conceito relacionado às palavras eu e a intérprete combinávamos um sinal que tivesse relação com o conceito, isso facilitou minha compreensão. Às vezes eu também perguntava a algum colega surdo de outros lugares, eles me contavam qual sinal usavam e eu passava para a intérprete, ela também me ensinou alguns sinais e nós trocamos muitas informações. (ENTREVISTADO B, entrevista realizada em 20/03/2014)

A questão levantada pelo estudante sobre o uso de sinais criados para serem usados entre os TILS e o aluno surdo em sala de aula, foi recorrente entre outros entrevistados. O que se percebe é que, embora tenhamos inúmeros estudos nesse campo,[5] como ainda não se tem disponível um banco de dados amplo que possa suprir a demanda imediata de sinais específicos para tantas áreas do conhecimento, as pessoas acabam criando estratégias através do uso de classificadores em Libras ou sinais "provisórios". Os surdos também relataram que nessa situação, quando é necessário o uso da datilologia, acontecem situações nas quais podem perder tanto a linha de raciocínio quanto, em muitos momentos, é necessário que o intérprete de Libras interrompa a aula para solicitar ao professor uma maior explanação sobre o conceito.

Ainda sobre esse assunto, os estudantes relataram:

> Eu sei que pode já ter outro surdo ou outro intérprete que tenha combinado um sinal em outra faculdade ou outra cidade, mas eu preciso saber o

[5] No segundo semestre de 2018, foi realizado em Brasília/DF o I Congresso Internacional de Lexicologia, Lexicografia, Terminologia e Terminografia das Línguas de Sinais e o II Fórum Internacional sobre a produção de Glossários e Dicionários em Língua de Sinais. Esses dois eventos, que ocorreram de forma simultânea, foram organizados pela Universidade de Brasília (UnB), pela Universidade Federal de Santa Catarina (UFSC) e pelo Centro Federal de Educação Tecnológica de Minas Gerais (CEFET-MG). Neles, foram apresentados 89 trabalhos que de alguma forma se relacionam com a produção de novos léxicos na Libras, sendo 57 comunicações orais/sinalizadas e 32 apresentações de pôster.

> significado no momento da sala de aula e não tenho como ficar esperando, usando datilologia. Eu tenho provas, trabalhos e são poucos surdos que fazem o mesmo curso que eu. (ENTREVISTADA D, entrevista realizada em 20/03/2014)
>
> A minha intérprete sempre está se atualizando, ela entra em contato com outros intérpretes e procura sinais na internet. Eu também tenho amigas graduadas em Letras-Libras da UFSC, e nós trocamos muitos sinais. (ENTREVISTADA E, entrevista realizada em 20/03/2014)
>
> Eu não vejo problema em combinar sinais, porque os sinais que eu e o intérprete criamos ficam só entre nós dois. É só para usar na sala de aula, nós não usamos esses sinais fora. É claro que às vezes, quando alguém me pergunta sobre o assunto, eu acabo difundindo alguns sinais, mas acho que pode ser bom para ajudar a Libras a ampliar. (ENTREVISTADA A, entrevista realizada em 20/03/2014)

Uma reflexão possível, a ser pensada em relação à criação de novos sinais para atender uma demanda emergencial em sala de aula, objetivando ter acesso imediato ao texto acadêmico, é que nesse "neologismo apressado" uma pessoa pode se abster da compreensão de outros possíveis significados do conceito para o qual se criou o novo sinal. Assim, quando o termo/sinal for usado em outros contextos, e se também for difundido para outros falantes da língua, pode se restringir ao que foi compreendido pelo primeiro interlocutor e apenas ao contexto no qual ele foi criado. Isso sobretudo nas línguas de sinais, cujos itens léxicos geralmente empregam iconicidade na relação significante-significado. Por isso, a divulgação de novos sinais, bem como de glossários e dicionários que têm sido amplamente difundidos na comunidade surda, talvez deva ser vista com prudência, pois a busca de tornar um termo conhecido, pode exigir antes um cauteloso trabalho de pesquisa e revisão conceitual. No entanto, essa discussão ultrapassaria os limites e possibilidades deste texto e, por isso, fica aqui com uma consideração que talvez possa fomentar estudos futuros.

5. CONSIDERAÇÕES FINAIS

As questões identificadas nesta pesquisa trouxeram elementos que indicam que, ao explicitarem as questões enfrentadas no contexto de estudos, os estudantes surdos se marcam enquanto um grupo linguístico diferente dos demais alunos.

Diferente das concepções subjacentes aos discursos, aparentemente comuns, de que apenas o acesso e a disponibilização dos serviços de tradução-interpretação seriam suficientes para a democratização dos espaços e práticas acadêmicas, por meio dos relatos registrados foi possível perceber que essa visão não se firma em bases sólidas.

Em síntese, as categorias identificadas como os principais desafios e especificidades encontradas nos percursos acadêmicos dos estudantes surdos participantes do estudo foram: (a) o aprendizado tardio da Libras, o que proporciona uma discussão sobre possíveis influências em seus percursos formativos; (b) os desafios em relação à Língua Portuguesa e as implicações em práticas acadêmicas que desconsideram as potencialidades das diferenças linguísticas; (c) as questões emergentes em situações que envolviam a interpretação de textos orais; (d) o relacionamento com os TILS em sala de aula; (e) a questão da escrita e os desafios nos processos de produção textual; (f) a questão do ensino-aprendizado da Língua Portuguesa como segunda língua; e (g) os conceitos acadêmicos e as negociações para a tradução de termos ainda não representados na Libras.

A identificação dessas questões suscita reflexões sobre os cuidados a serem articulados no âmbito das IES para que as diferenças linguísticas e as especificidades oriundas delas não se tornem barreiras excludentes para os estudantes surdos.

Desenvolver um canal de comunicação atento a essas pessoas, não somente em relação às concepções amplamente difundidas, como a questão dos desafios linguísticos, mas também do ponto de vista de suas trajetórias individuais, talvez pudesse se caracterizar como um instrumento equalizador. Contudo, há sempre que se pensar nas potencialidades de uma atuação institucional que promova a autonomia e não crie dependências.

Por fim, ainda há muito para se compreender sobre como as instituições de ensino têm pensado o ingresso e a permanência dos estudantes surdos. A tese defendida aqui é que essas ações, se observadas "de perto", podem fomentar em uma escala maior a formulação de Políticas Públicas que colaborem com a construção de espaços e práticas mais democráticas no Ensino Superior.

REFERÊNCIAS

BERGAMASCHI, M. A.; DOEBBER, M. B.; BRITO, P. O. Estudantes indígenas em universidades brasileiras: um estudo das políticas de acesso e permanência. *Rev. Bras. Estud. Pedagog.*, Brasília, v. 99, n. 251, p. 37-53, jan. 2018.

BOTELHO, P. *Linguagem e letramento na educação dos surdos*: ideologias e práticas pedagógicas. Belo Horizonte: Autêntica, 2005.

BRASIL. *A democratização e expansão da educação superior no país 2003-2014*. Brasília: Ministério da Educação, 2015.

BRASIL. *Decreto n. 5.626, de 22 de dezembro de 2005*. Regulamenta a Lei n. 10.436, de 24 de abril de 2002, que dispõe sobre a Língua Brasileira de Sinais - Libras, e o art. 18 da Lei n. 10.098, de 19 de dezembro de 2000. Brasília: Casa Civil, 2005b.

BRASIL. *Decreto n. 6.096, de 24 de abril de 2007*. Institui o Programa de Apoio a Planos de Reestruturação e Expansão das Universidades Federais - REUNI. Brasília: Casa Civil, 2007.

BRASIL. *Lei n. 10.098, de 19 de dezembro de 2000*. Estabelece normas gerais e critérios básicos para a promoção da acessibilidade das pessoas portadoras de deficiência ou com mobilidade reduzida, e dá outras providências. Brasília: Casa Civil, 2000.

BRASIL. *Lei n. 10.436, de 24 de abril de 2002*. Dispõe sobre a Língua Brasileira de Sinais, Libras, e dá outras providências. Brasília: Casa Civil, 2002.

BRASIL. *Lei n. 11.096, de 13 de janeiro de 2005*. Institui o Programa Universidade para Todos - PROUNI, regula a atuação de entidades beneficentes de assistência social no ensino superior; altera a Lei n. 10.891, de 9 de julho de 2004, e dá outras providências. Brasília: Casa Civil, 2005a.

BRASIL. *Lei n. 13.409, de 28 de dezembro de 2016*. Altera a Lei no 12.711, de 29 de agosto de 2012, para dispor sobre a reserva de vagas para pessoas com deficiência nos cursos técnico de nível médio e superior das instituições federais de ensino. Brasília: Casa Civil, 2016.

BRASIL. *Plano Nacional de Educação 2014-2024*. Brasília: Câmara dos Deputados, 2014.

IBGE. Censo Demográfico. Brasília: Instituto Brasileiro de Geografia e Estatística, 2010.

INEP. *Censo da Educação Superior*: resumo técnico. Brasília: Instituto Nacional de Estudos e Pesquisas Educacionais Anísio Teixeira, 2014. 133 p.

LACERDA, C. B. F. Tradutores e intérpretes de Língua Brasileira de Sinais: formação e atuação nos espaços educacionais inclusivos. *Cadernos de Educação*, Pelotas, v.30. n. 58., 2010.

LEA, M. R.; STREET, B. V. Student writing in higher education. an academic literacies approach. *Studies in Higher Education*, Abigdon, Oxon, UK, v. 23, n. 2, p. 157-172, 1998.

LEA, M. R.; STREET, B. V. The academic literacies model: theory and applications. *Theory Into Practice*, Oxon, UK, v. 4, n. 45, p. 368-377, 2006.

LILLIS, T. Whose "Common Sense"? essayist literacy and the institutional practice of mystery. In: JONES, C.; TURNER, J.; STREET, B. (Org.). *Students Writing in the University*: Cultural and Epistemological Issues. Amsterdam: John Benjamins, p. 127-140, 1999.

LILLIS, T.; HARRINGTON, K.; LEA, M. R.; MITCHELL, S. (Org.). *Working with academic literacies*: case studies towards transformative practice. Fort Collins-Colorado: The WAC Clearinghouse, 2015.

LILLIS, T.; SCOTT, M. Defining academic literacies research: issues of epistemology, ideology and strategy. *Journal of Applied Linguistics*, Sheffield-United Kingdom, 2007. v. 4.1, p. 5-32.

LODI, A. C. B.; HARRISON, K. M. P.; CAMPOS, S. R. L.; TESKE, O. (Org.). *Letramento e Minorias*. Porto Alegre: Mediação, 2011. p. 35-46.

LÜDKE, M.; ANDRÉ, M. *Pesquisa em educação*: abordagens qualitativas. 2. ed. Rio de Janeiro: EPU, 2015.

NASCIMENTO, V. M. B. Interpretação da Libras para o Português na modalidade oral: considerações dialógicas. *Tradução & Comunicação*. Revista Brasileira de Tradutores, São Paulo, v. 24, 2012, p. 79-94.

QUADROS, R. M. *Educação de Surdos:* a aquisição da linguagem. Porto Alegre: Artes Médicas, 1997.

SCHEMBERG, S; GUARINELLO, A. C.; SANTANA, A. P. O. As práticas de letramento na escola e na família no contexto da surdez: reflexões a partir do discurso dos pais e professores. *Rev. Bras. Ed. Esp.*, Marília, v. 15, n. 2, p. 251-268, maio-ago. 2009.

STREET, B. *Letramentos sociais*: abordagens críticas do letramento no desenvolvimento, na etnografia e na educação. Tradução de Marcos Bagno. São Paulo: Parábola Editorial, 2014.

STREET, B. *Literacy in Theory and Practice*. Cambridge, Mass.: Cambridge University, 1984.

TUXI, P. *A atuação do intérprete educacional no Ensino Fundamental*. 2009. Dissertação (Mestrado em Educação). Faculdade de Educação. Universidade de Brasília, 2009.

OS PROFISSIONAIS DA TRADUÇÃO E DA INTERPRETAÇÃO DE LÍNGUAS DE SINAIS NO BRASIL: PERCURSOS FORMATIVOS E PERFIL PROFISSIONAL

Carlos Henrique Rodrigues

Atualmente, os profissionais da tradução e da interpretação de línguas de sinais ocupam um lugar de destaque no cenário nacional e internacional. É possível encontrá-los em diferentes âmbitos sociais, tanto fazendo parte do quadro de profissionais quanto como temática de interesse, discussão e/ou pesquisa. Contextos educacionais, religiosos, midiáticos, empresariais e de saúde, por exemplo, têm se constituído como *lócus* da atividade interpretativa e, até mesmo, da atividade tradutória de/entre/para línguas de sinais.

Para entendermos a trajetória profissional e formativa desses intérpretes e tradutores no contexto nacional, temos que considerar diversos fatores históricos, sociais, culturais, políticos e linguísticos que caracterizam e perpassam a história dos surdos brasileiros. Podemos afirmar, sem dúvida, que a história dos intérpretes e dos tradutores de Português-Libras se confunde com a história dos surdos e com a da constituição e reconhecimento da Libras (Língua Brasileira de Sinais) como meio legal de comunicação e de expressão, ou seja, como língua dos surdos brasileiros.

Considerando, portanto, a importância dos movimentos associativos, dos deslocamentos formativos e das pesquisas acadêmicas relacionadas aos surdos, aos intérpretes e aos tradutores de Português-Libras, apresentamos um breve olhar sobre a constituição e a trajetória dos intérpretes e tradutores de línguas de sinais no que se refere aos percursos formativos e ao desenvolvimento do perfil profissional que hoje os caracteriza. Para traçarmos a trajetória desses profissionais da tradução e da interpretação de/entre/para línguas de sinais, contamos com o suporte de um conjunto de publicações do campo dos Estudos Surdos e do campo dos Estudos da Tradução e da Interpretação de Línguas de Sinais.

1. OS NÃO REGISTROS DOS PRIMEIROS SINAIS DA INTERPRETAÇÃO PARA SURDOS

Pode-se afirmar que a história da tradução e da interpretação de línguas de sinais no Brasil guarda estreita relação com a constituição do Imperial Instituto de Surdos-Mudos no Rio de Janeiro, em 1857, o qual, atualmente, é denominado Instituto Nacional de Educação de Surdos (INES). Entretanto, temos que considerar que a atividade de mediação linguística e comunicativa entre surdos não falantes de português e os falantes de português não foi inaugurada com o Instituto, ela certamente o precede. Além disso, a presença de surdos no Instituto não pressupôs nem determinou de imediato a contratação de pessoas para a realização desse tipo de atividade.

O mais provável é que, anteriormente à criação do Imperial Instituto, esse tipo de mediação já existisse nas famílias de surdos, mesmo sem uma língua de sinais reconhecida e de circulação nacional. Aqueles que compunham o círculo de convivência social dos surdos se viam na responsabilidade de intermediar a relação destes com aqueles que não conseguiam estabelecer uma comunicação efetiva com eles. Esses primeiros mediadores — filhos, amigos, pais e vizinhos dos surdos — lidavam, muitas vezes, com a interpretação de gestos caseiros e de expressões corporais e faciais.

Por essa razão, uma primeira reflexão que nos cabe diz respeito ao perfil dos primeiros indivíduos que assumiram, no contexto brasileiro, a função de mediadores da interação entre pessoas surdas e ouvintes. Antes da fundação do Imperial Instituto (i.e., antes de 1857), embora pudessem existir pequenas comunidades surdas, o mais provável é que os surdos estivessem tão somente concentrados nos círculos familiares e/ou religiosos, usando, muitas vezes, uma linguagem gestual caseira para se comunicar.

Nessa perspectiva, como não há registros sobre esses primeiros mediadores, os definiremos aqui como *precursores da interpretação para surdos*, já que o foco de sua atividade foi o estabelecimento da comunicação entre os falantes do português e aqueles que, por não ouvir, utilizavam meios gestuais-visuais para se expressar. Além disso, vale registrar que a trajetória desses *precursores* se centrava na convivência com os surdos e na apropriação da linguagem que estes utilizavam para comunicação. Esse conhecimento e domínio da(s) linguagem(ns) utilizada(s) pelos surdos era a principal e, talvez, única base de suas ações interpretativas primordiais que tinham como objetivo o acesso dos surdos à sociedade.

Arriscando-se em meio a terrenos inexplorados e complexos, esses precursores da interpretação para surdos se fundamentaram em suas visões e experiências pessoais e, conduzidos pelos mais diversos sentimentos, demandas e expectativas, se aventuraram no campo da intermediação comunicativa, oferecendo-se, inclusive, voluntariamente à interpretação entre o português e os mais variados sistemas gestuais-visuais utilizados pelos surdos brasileiros em sua comunicação. Como esses precursores não foram devidamente mencionados em registros históricos, queremos deixar aqui o reconhecimento de sua existência e de sua importância para a trajetória dos intérpretes de língua brasileira de sinais em direção à profissionalização.

É importante considerar que, em meados do século XIX, a criação do Imperial Instituto intensificou a possibilidade de os surdos de diferentes partes do país entrarem em contato entre si e, consequentemente, utilizarem a língua de sinais e a difundi-la (ROCHA, 1997; MOURA, 2000; PINTO 2007). Ainda que existissem práticas oralistas no Instituto, que se manifestavam inclusive na proibição do uso de língua de sinais, a formação de uma comunidade surda sinalizante foi inevitável. Segundo Lima (2004, p. 25), mesmo com a repressão ao uso da língua de sinais no Instituto, houve "uma reação dos próprios surdos que continuam a 'falar' através dos sinais, não nas salas de aula do Instituto, mas fora delas e principalmente nas 'comunidades' que começam a tomar forma nos principais centros urbanos do país."

Na verdade, pode-se dizer que, pouco a pouco, a língua brasileira de sinais começou a definir-se como tal e a se espalhar pelo Brasil, principalmente, nas mãos dos surdos que passavam pelo Instituto. Segundo Rodrigues e Vieira-Machado (2015, p. 250), a criação do Instituto possibilitou aos surdos não somente o acesso à educação mas também "a oportunidade de se reunir e, portanto, de consolidar e de difundir a Libras, já que o INES recebia alunos, em regime de internato, vindos de várias partes do Brasil. Pode-se afirmar que um dos primeiros espaços públicos de uso e de difusão da Libras foi o Instituto." Esse fato nos permite inferir que, à medida que os surdos se apropriavam de sua língua de sinais e a propagavam, a demanda por pessoas capazes de interpretar *entre* essa língua e o português tornava-se imprescindível, o que explica a importância do Instituto na história da tradução e da interpretação de Português-Libras.

Na verdade, como defendemos acima, podemos falar da ação de mediadores para surdos antes da consolidação e difusão da língua de sinais no Brasil — antes da fundação do Imperial Instituto —, os quais chamamos de "precursores", e após a propagação da Libras no país, a qual se efetiva, posteriormente à inauguração do Instituto, no decorrer do século XX. Assim, no período compreendido entre 1857 e 1980, temos uma série de ações favoráveis à organização dos movimentos surdos e à promoção da Libras que impactam diretamente aqueles que atuariam como intérpretes de língua de sinais para surdos a partir da década de 1980.

2. A FORMAÇÃO NA PRÁTICA: CARIDADE, ASSISTENCIALISMO E MILITÂNCIA

Durante o século XX, ou seja, após a fundação do Instituto, ocorreu a criação de diversas outras instituições educacionais destinadas especificamente aos surdos, entre as quais podemos citar: (i) o Instituto Santa Terezinha, fundado em 1929, "o segundo polo de concentração de surdos usuários de língua de sinais no Brasil" (BRITO, 1993, p. 6); (ii) o Instituto Hellen Keller, fundado em 1950, ambos em São Paulo; e (iii) o Instituto Santa Inês em Belo Horizonte, fundado em 1947. Esses espaços ampliaram a possibilidade de convivência comunitária dos surdos, favorecendo seu processo de escolarização, bem como a consolidação e a difusão da Libras no país.

Assim, com o acesso à educação, ainda que precário e baseado na imposição de práticas oralistas, os surdos deram início a uma nova etapa de organização social, a qual culminou na criação, durante a segunda metade do século XX, de associações e de federações de surdos (SOUZA, 1998; RAMOS, 2004; RANGEL, 2004). Antes da criação desses espaços específicos, as reuniões de surdos ocorriam em alguns pontos de encontro, em espaços públicos, para confraternizações e/ou práticas esportivas, por exemplo, e tinham um caráter social e agregador sem, necessariamente, apresentarem uma intencionalidade política.

As primeiras associações brasileiras de surdos foram fundadas na década de 1950, em São Paulo, Rio de Janeiro e Minas Gerais, respectivamente (RANGEL, 2004). Vale notar que essas associações se localizam nas mesmas cidades em que foram criados importantes institutos de educação de surdos. Elas passaram a ocupar um relevante papel na articulação política dos surdos em prol do reconhecimento da língua brasileira de sinais e da melhoria do acesso dos surdos à sociedade, entre outras importantes reivindicações.

Rodrigues e Vieira-Machado (2015, p. 250-1), ao falarem da criação de associações em diversos municípios brasileiros, explicam que esses movimentos associativos dos surdos fortaleceram politicamente a comunidade surda, passando a expressar sua resistência "às imposições sociais, ditas ouvintistas, e, também, a tornar possível a conquista de direitos por meio da mobilização e da ação política, em especial o reconhecimento da Libras, como língua da comunidade surda brasileira."

Após a fundação e articulação de associações e de entidades representativas dos surdos, ocorreu a criação da Federação Nacional de Educação e Integração dos Surdos, a Feneis, em 1987, uma instituição não governamental, filantrópica, sem fins lucrativos, com caráter educacional, assistencial e sociocultural (FENEIS, 1993). Para Coutinho (2000), a criação da Feneis possibilitou que a "profissão de intérprete de Libras" passasse a ser vista com mais rigor.

A constituição da Feneis expressa um novo tempo na organização política e institucional dos surdos e tem uma história marcada pela reivindicação dos surdos por sua vez e voz. Na verdade, a Feneis tem origem na Feneida — Federação Nacional Educação e Integração dos Deficientes Auditivos —, fundada em 1977. Ramos (2004) relata que os surdos, integrantes de uma Comissão de Luta por Direitos, passaram a se interessar pela entidade, formando um chapa e assumindo sua presidência. Segundo Souza (1998, p. 90-1), "[...] ao alterarem a denominação 'deficiente auditivo', impressa na sigla FENEIDA, para 'Surdos', em FENEIS, [os surdos] deixam claro que recusavam o atributo estereotipado que normalmente os ouvintes ainda lhes conferem, isto é, o de serem 'deficientes'."

Vemos que, gradativamente, as comunidades surdas e o movimento dos surdos foram ganhando corpo, visibilidade e assumindo uma extensa pauta de reivindicações que tinha como seu cerne o reconhecimento da Libras e a efetivação de políticas linguísticas e públicas em prol dos direitos dos surdos à língua e à educação, entre outros (BRITO, 1993; RODRIGUES, 2011). Ao contrário das associações que tinham objetivos mais direcionados ao lazer e à congregação dos surdos, "a FENEIS buscava outros valores que se traduziam pela diferença dos surdos, tanto assim que a língua de sinais foi uma de suas iniciativas de pesquisa e de lutas" (RANGEL, 2004, p. 54).

Assim, em meio à efervescência inicial dos movimentos comunitários e associativos dos surdos, os intérpretes de línguas de sinais ocupavam cada vez mais os contextos religiosos e educacionais, grandes focos de difusão das línguas de sinais nas duas últimas décadas do século XX (SANTOS, 2006; ROSA 2008). Além disso, sentiam, cada vez mais, a necessidade de serem valorizados e, por sua vez, de terem uma formação profissional específica. Nas palavras de Rodrigues e Vieira-Machado (2015, p. 254), com a fundação do Imperial Instituto, das associações de surdos e da Feneis, "diversas ações de impacto nacional com vistas à formação de professores em Libras, de instrutores e professores de Libras e de intérpretes de sinais [...] realizaram-se por meio de parcerias entre a Feneis e o Ministério da Educação."

Nesse atravessamento de demandas, mudanças e reivindicações, a língua de sinais, a educação de surdos e a interpretação de/para Libras afirmavam-se como realidades sociais e como objetos de interesse de diversos campos do conhecimento. Masutti e Santos (2008, p. 158) consideram que, no decorrer das últimas décadas, "tem se tornado mais visível como a militância dos movimentos surdos tem buscado novos rumos para as suas lutas incluindo a questão da tradução e interpretação." Nessa mesma direção, Perlin (2006, p. 146), uma importante representante das comunidades surdas brasileiras, afirma que não haveria nada favorável ao fim da presença dos intérpretes em meio aos surdos e às suas ações políticas, já que, em suas palavras, o movimento da cultura surda "está também dirigido para a formação do intérprete, para sua qualificação social e cultural."

De modo geral, podemos afirmar que, entre 1980 e 2002, a atividade dos intérpretes de línguas de sinais, por estar diretamente atrelada ao fortalecimento dos movimentos surdos, ganhou novos significados. Entretanto, de acordo com Quadros e Santos (2010), as relações entre os intérpretes e a comunidade surda — baseadas na caridade, na benevolência e/ou no assistencialismo — não se constituíam como uma atividade profissional, sendo que a presença dos intérpretes nas comunidades surdas caracterizava-se por uma atuação política e participação ativa nos movimentos surdos brasileiros. Ao relatar sua experiência, no início da década de 1980, Coutinho (2000, p. 77) explica: "normalmente, me oferecia para interpretar. Este oferecimento significava que, na maioria das vezes, as despesas de transporte, hospedagem e alimentação corriam por minha conta. Salário nem pensar."

Nas décadas de 1980 e 1990, os intérpretes eram integrantes ativos das muitas comunidades surdas espalhadas pelos Brasil e organizadas (i) em diferentes entidades representativas dos surdos, tais como associações e federações; (ii) em diversos institutos e escolas voltados à educação de surdos; e (iii) em variadas instituições religiosas. Com uma formação empírica, adquirida por meio da necessidade de apoiar os surdos em seu acesso à sociedade, os intérpretes de línguas de sinais estavam bem afinados a essas comunidades, aos seus movimentos sociais e às suas demandas e reivindicações. Para Coutinho (2000, p. 78), intérprete de Português-Libras atuante na década de 1980, "a consciência, por parte da comunidade surda, da importância do intérprete como participante do seu processo de conquista de espaços na sociedade, empurra-nos para uma reflexão sobre o quanto precisamos nos profissionalizar."

Em síntese, inicialmente, a atividade de interpretação era assumida e conduzida em uma perspectiva assistencialista e/ou de caridade, sem uma preocupação com a formação prévia ou profissional. A militância e o posicionamento político em prol dos surdos confundiam-se com a função dos intérpretes e a fluência em Libras apresentava-se como o principal e, muitas vezes, único requisito à atuação. Entretanto, os movimentos associativos e a escolarização dos surdos anunciavam novos tempos, os quais contribuiriam com a ampliação da demanda por profissionais da tradução e da interpretação e, consequentemente, criariam a necessidade de formação e profissionalização dos intérpretes de Português-Libras, a qual iria afastar-se, paulatinamente, de um caráter comunitário em direção à formação acadêmica (SANTOS, 2006; QUADROS, SANTOS, 2010).

3. A FORMAÇÃO INSTITUCIONALIZADA: RECONHECIMENTO, POLITIZAÇÃO E PROFISSIONALIZAÇÃO

Os primeiros anos do século XXI testemunharam a consolidação de diversos requerimentos das comunidades surdas por meio de uma legislação específica, a saber, a Lei 10.436/2002 e sua regulamentação pelo Decreto 5.626/2005. Em 2002, iniciou-se um novo tempo para as comunidades surdas e para os intérpretes que atuavam de/entre/para línguas de sinais. Como já mencionamos, a criação de institutos educacionais e os movimentos associativos conquistaram espaços, reconhecimento e visibilidade que antes eram improváveis.

Novos territórios sociais, educacionais e acadêmicos foram ocupados e a formação que se dava por meio da prática no interior das comunidades surdas foi sendo institucionalizada, contando também com cursos formais oferecidos pelos contextos comunitários (ex., religiosos e associativos) e por entidades educacionais. Como destacam Masutti e Santos (2008, p. 153), "a questão das igrejas, das religiões, da família e dos espaços empíricos como um dos primeiros meios de atuação é algo frequente na área da interpretação/tradução de maneira geral, mas não são histórias narradas e percebidas como sistemas culturais passíveis de importantes análises."

É importante considerarmos que essa formação institucionalizada se deslocou, pouco a pouco, das entidades representativas de surdos e das escolas para o âmbito acadêmico (ex., as instituições de Ensino Superior), ampliando as possibilidades de profissionalização, valorização e reconhecimento dos profissionais intérpretes de Português-Libras que, inclusive, começaram a ser denominados também como tradutores. Esse deslocamento não significa a anulação da formação comunitária, mas uma ampliação das possibilidades formativas para o espaço acadêmico.

Quadro 1 – Comparação entre diferentes âmbitos e perspectivas formativas institucionalizadas

FORMAÇÃO COMUNITÁRIA *(em destaque antes de 2008)*	FORMAÇÃO ACADÊMICA *(em destaque após 2008)*
• caracterizada pelo oferecimento de oficinas e cursos livres de curta duração sem uma regularidade definida; • centrada em entidades representativas das comunidades surdas e instituições religiosas; • ênfase posta, sobretudo, no treinamento/automatização de intérpretes e não direcionada à capacitação de tradutores ou ao trabalho com a tradução propriamente dita; • foco na prática interpretativa na direção Português-Libras, ou seja, na direção inversa para a maioria dos intérpretes; • formação mais centrada na atuação em áreas específicas (educação, religião...) com enfoque na promoção da acessibilidade dos surdos.	• caracterizada pelo oferecimento de cursos de graduação, regularmente, em instituições de ensino; • centrada em instituições de Ensino Superior, principalmente, em universidades federais; • ênfases variáveis ora no treinamento/automatização, ora na teorização/conscientização – ora na formação de intérpretes, ora na de tradutores; • foco em conteúdos diferenciados de tradução e de interpretação em ambas direcionalidades; • formação mais direcionada ao profissional generalista apto a atuar com diferentes tipos e modalidades de tradução e em múltiplos contextos.

Fonte: O autor, com base em bibliografias especializadas.

Vale destacar que, antes de ocupar o contexto universitário, a formação dos intérpretes de línguas de sinais foi realizada, inclusive durante a década de 1990 e nos primeiros anos do século XXI, em cursos livres promovidos por associações, entidades religiosas e/ou pela Feneis, muitas vezes em parceria com secretarias de educação, universidades, escolas ou, até mesmo, com o apoio do Ministério da Educação (SANTOS, 2010). Rodrigues (2018, p. 199) destaca que nenhuma dessas ações formativas "envolveu a implementação de um Curso de Graduação com o objetivo de formar profissionais para atuarem especificamente na interpretação e tradução da Libras para o Português e vice-versa."

De modo geral, esses momentos seminais da formação dos profissionais da tradução e da interpretação de língua de sinais foram caracterizados pelo deslocamento de um âmbito formativo empírico para o espaço institucional. Essa primeira institucionalização da formação dos intérpretes de Português-Libras marcou a "transição de uma atuação mais informal para uma atuação mais profissional" (QUADROS, SANTOS, 2010, p. 93). É evidente que essa nova realidade formativa se concretizou a partir da participação ativa dos surdos na sociedade, tanto por meio dos movimentos associativos quanto de sua inserção, cada vez mais intensa, na educação.

Essa participação ativa dos surdos na educação efetivou-se de diferentes maneiras, já que deixaram de ser apenas estudantes para se tornarem professores e pesquisadores (RODRIGUES, 2011). Os surdos saíram da invisibilidade, isto é, deixaram de estar em um lugar passivo, de ser alvo das ações da educação especial, para ocupar um espaço ativo de enfrentamento e debate, no qual representam uma comunidade linguística específica com sua própria cultura e, portanto, detentora de direitos humanos linguísticos (RODRIGUES; BEER, 2016). Nesse sentido, a tradução e a interpretação de Português-Libras passaram a ser tratadas como mais que um mecanismo de promoção da acessibilidade para serem reconhecidas como um campo profissional e um direito dos surdos.

Os intérpretes de línguas de sinais tornaram-se, ao lado dos surdos, atores comuns nos contextos educacionais, na mídia televisiva, nas celebrações religiosas e em outros espaços. Essa inserção dos surdos em diferentes esferas sociais exigiu a presença de intérpretes aptos a realizar uma atuação profissional adequada a cada um dos distintos espaços ocupados pelos surdos. Entre esses espaços de atuação, os contextos educacionais foram os que mais demandaram intérpretes de línguas de sinais, atualmente chamados de intérpretes educacionais (ALBRES, 2015).

A formação empírica e a formação comunitária, oferecida por diferentes entidades, começaram a se mostrar insuficientes: a necessidade de profissionalização tornou-se um imperativo e a invenção do *profissional* da tradução e da interpretação de línguas de sinais no Brasil — o tradutor e intérprete de Português-Libras — concretizou-se (QUADROS; SANTOS, 2010). Uma das primeiras materializações dessa busca por politização e profissionalização é a publicação do Ministério da Educação intitulada *O tradutor e intérprete de língua brasileira de sinais e língua portuguesa*, de autoria da professora e pesquisadora Ronice Müller de Quadros (QUADROS, 2002). Esse livro foi muito utilizado em cursos de formação, constituindo-se como uma importante referência aos intérpretes de línguas de sinais, aproximando, ainda que timidamente, o campo da interpretação de sinais aos Estudos da Tradução e aos da Interpretação. Embora todo o livro esteja focado na figura do intérprete e não do tradutor de línguas de sinais, o fato de mencionar "tradutor e intérprete" já traz à tona a figura do tradutor de línguas de sinais.

É interessante notar que a constituição e o reconhecimento dos intérpretes e dos tradutores de línguas de sinais brasileiros como profissionais têm sido marcadas e, até mesmo, dificultadas por diversos fatores sociais e históricos, tais como (i) a exclusão social dos surdos; (ii) o reconhecimento tardio da Libras; (iii) a visão assistencialista do intérprete como praticante de caridade; ou ainda, (iii) a ideia de que a atuação interpretativa pode ser realizada por qualquer um que tenha fluência nas línguas envolvidas em dada tradução (RODRIGUES, 2018). Esses fatores retardaram o reconhecimento de que os intérpretes e tradutores de línguas de sinais devem passar por uma formação específica, assim como os demais profissionais.

O Decreto 5.626/2005 dedicou um de seus capítulos à "formação do tradutor e intérprete de Libras - Língua Portuguesa" e definiu que a formação desse profissional "deve efetivar-se por meio de curso superior de Tradução e Interpretação, com habilitação em Libras - Língua Portuguesa" (BRASIL, 2005, capítulo V). Com isso, em 2008, foi criado o primeiro curso destinado à formação desses profissionais: a Graduação em Letras Bacharelado em Língua Brasileira de Sinais a Distância (i.e., Bacharelado em Letras Libras EaD). Esse curso tornou-se um marco na formação, politização e profissionalização dos intérpretes brasileiros de Português-Libras, inaugurando um novo tempo: o da formação acadêmica nas universidades federais.

Essa primeira oferta do bacharelado em Letras Libras contou com o aporte da Secretaria de Educação a Distância do Ministério de Educação (SEED/MEC), da Secretaria de Educação Especial (SEESP) e da Coordenação de Aperfeiçoamento de Pessoal de Nível Superior (Capes). A Universidade Federal de Santa Catarina, em parceria com quatorze outras instituições brasileiras de Ensino Superior, que também serviram como polos de apoio presencial ao curso, tornou-se a referência da formação acadêmica de intérpretes e de tradutores de Libras-Português no país (QUADROS, 2014).

Quadro 2 – Cursos de Graduação* para formação de tradutores e intérpretes de Libras-Português[1]

INSTITUIÇÃO	CURSO
Universidade Federal de Santa Catarina (UFSC)	Letras-Libras (EaD) - criação 2008 Letras-Libras - criação 2009
Universidade Federal do Rio de Janeiro (UFRJ)	Letras-Libras - criação 2013
Universidade Federal de Goiás (UFG)	Letras: Tradução e Interpretação em Libras/ Português - criação 2014
Universidade Federal do Espírito Santo (UFES)	Letras-Libras - criação 2014
Universidade Federal de Roraima (UFRR)	Letras-Libras - criação 2014
Universidade Federal de São Carlos (UFSCar)	Tradução e Interpretação em Língua Brasileira de Sinais/Língua Portuguesa - criação 2014
Universidade Federal do Rio Grande do Sul (UFRGS)	Letras: Tradutor e Intérprete de Libras (Libras-Português e Português-Libras) - criação 2014 (data de início da linha de formação/habilitação do Bel. em Letras)

Fonte: O autor, com base em dados coletados no e-MEC em 2018.2 sobre os cursos nas Universidades Federais (http://emec.mec.gov.br/).

* Encontramos também o Bacharelado em Letras Libras - Tradutor/Intérprete em Libras da Universidade Federal da Grande Dourados (UFGD), que será oferecido na modalidade a distância em diversos municípios. Entretanto, o curso consta como não iniciado.

Com os cursos superiores de formação de intérpretes e tradutores de Português-Libras, novas possibilidades de desenvolvimento foram consolidadas e o perfil desses profissionais começou a ser radicalmente alterado. A formação empírica e a formação institucionalizada que a sucedeu, ambas de caráter comunitário,

[1] É importante mencionar que no e-MEC consta que o Curso de Letras Libras Bacharelado da Universidade Federal do Mato Grosso (UFMT), em Cuiabá, está em processo de desativação/extinção voluntária, sendo que nem foi iniciado (Processo n. 23000.016507/2016-56).

cederam lugar à formação acadêmica nos cursos específicos de graduação. E o perfil dos intérpretes sofreu uma verdadeira metamorfose ganhando características muito singulares.

O Decreto e os cursos de graduação passaram a indicar que o intérprete precisa realizar uma formação superior em tradução e interpretação. Além disso, para atuação interpretativa, passou-se a exigir formação específica, comprovada por meio de certificações de tradução e interpretação e não mais as muitas horas de cursos de Libras. A inserção de intérpretes como estudantes da pós-graduação favoreceu, entre outros, a produção e a circulação de novos conhecimentos. A criação de associações de intérpretes por todo o país, bem como da Federação Brasileira das Associações dos Profissionais Tradutores e Intérpretes e Guia-Intérpretes de Língua de Sinais (Febrapils), intensificou o sentimento de categoria profissional, estabeleceu diversas orientações aos seus profissionais e contribuiu com sua politização. Podemos dizer que ocorreu um deslocamento formativo significativo, visto que

> não estamos mais falando apenas da prática de tradução/interpretação de língua de sinais, estamos realizando uma meta-tradução, isto é, falando sobre questões, conceitos e práticas que enfocam os Estudos da Tradução e interpretação da Libras. Deslocamo-nos de (a) pensar somente como são operacionalizados esses conceitos na interpretação, que técnicas adequadas devem ser usadas, para (b) buscarmos referenciais teóricos que justifiquem as escolhas e explicam a tradução e interpretação da Libras. (QUADROS; SANTOS, 2010, p. 100)

A emergência do campo dos Estudos da Tradução e da Interpretação de Línguas de Sinais, no Brasil, evidenciou a filiação da área da tradução e interpretação de línguas de sinais aos campos dos Estudos da Tradução e aos da Interpretação, contribuindo com o aprofundamento teórico e com a reflexão crítica sobre a área e seus profissionais (RODRIGUES; BEER, 2015).

Em suma, a perspectiva assistencialista e/ou caritativa deixou de caracterizar a atividade dos intérpretes e a certificação ou formação acadêmica tornou-se indispensável. A militância e o posicionamento político em prol dos surdos passaram a exigir dos intérpretes maturidade, politização e competência profissional. Se antes o intérprete era visto apenas como alguém que ajudava a comunidade surda, que era benevolente, agora ele é tido como um profissional que zela pela qualidade do seu trabalho. Passou-se a falar de distintos profissionais, tais como os tradutores, os intérpretes e os guias-intérpretes, e a buscar maior precisão no uso de conceitos e de termos.

4. A ESPECIALIZAÇÃO DE UMA ÁREA E DE SEUS PROFISSIONAIS

> Quanto mais se reflete sobre a presença do ILS [intérprete de língua de sinais], mais se compreende a complexidade de seu papel, as dimensões e a profundidade de sua atuação. Mais se percebe que os ILS são também intérpretes da cultura, da língua, da história, dos movimentos, das políticas da identidade e da subjetividade surda, e apresentam suas particularidades, sua identidade, sua orbitalidade. (PERLIN, 2006, p. 138)

No Brasil, os últimos dez anos foram decisivos para a profissionalização dos intérpretes e dos tradutores intermodais (i.e., aqueles que atuam entre línguas de diferentes modalidades, no caso, uma vocal-auditiva e outra gestual-visual) e para a afirmação do campo dos Estudos da Tradução e da Interpretação de Línguas de Sinais (RODRIGUES; BEER, 2015). Entre 2008 e 2018, tivemos: (i) a criação de cursos de formação de intérpretes e tradutores de Português-Libras, na graduação e na pós-graduação; (ii) a profusão de pesquisas com foco na tradução e/ou na interpretação de/entre/para a língua de sinais; (iii) a fundação da Federação Brasileira das Associações dos Profissionais Tradutores e Intérpretes e Guia-Intérpretes de Língua de Sinais; (iv) a publicação de volumes específicos sobre tradução e interpretação de língua de sinais em periódicos especializados (ex., Cadernos de Tradução, Belas Infiéis, Translatio); (v) a realização de seis edições do Congresso Nacional de Pesquisas em Tradução e Interpretação de Libras e Língua Portuguesa; e (vi) a publicação da Lei 12.319/2010 regulamentando a profissão de tradutor e intérprete de Libras, entre outros.

Esse conjunto de acontecimentos expressa a constituição de uma trajetória formativa qualificada e o delineamento de um perfil profissional específico. Como profissionais reconhecidos social, política e academicamente, os tradutores e os intérpretes de línguas ganham, cada vez mais, visibilidade. E a tradução e interpretação Português-Libras afirma-se no Ensino Superior do país "(i) como campo de atuação profissional; (ii) como curso de graduação e, por sua vez, como conteúdo de ensino; (iii) como temática de pesquisa e, também, (iv) como possibilidade de extensão" (RODRIGUES; BEER, 2015, p. 32).

Atualmente, com a profissionalização dos tradutores e dos intérpretes e os recentes avanços do campo dos Estudos da Tradução e da Interpretação de Línguas de Sinais, temos a especialização dos conceitos de tradução e de interpretação reforçando a necessidade de diferenciação entre os *tradutores e intérpretes intermodais* (i.e., que atuam entre uma língua vocal e outra gestual) e os *tradutores e intérpretes intramodais gestuais-visuais* (i.e., que atuam entre duas línguas de sinais), com o cuidado de distinguir o perfil do intérprete e o perfil do tradutor e de afirmar que nem todo tradutor é necessariamente um intérprete. Além disso, muito se tem falado sobre o perfil e a formação de guias-intérpretes, de tradutores surdos e de intérpretes surdos.

Reconheceu-se a centralidade da graduação específica em tradução e interpretação para a formação acadêmica e profissional de tradutores e de intérpretes intermodais e passou-se a defender a importância de uma formação destinada aos tradutores e aos intérpretes intramodais gestuais-visuais. Dito de outro modo, entendeu-se que a competência bilíngue, em Libras e Português, não é suficiente à atuação profissional, sendo necessária a aquisição e o desenvolvimento de competência tradutória e/ou interpretativa intermodal ou intramodal, conforme o caso.

Passou-se a debater também um conjunto de questões relacionadas à formação e à atuação profissional dos tradutores e dos intérpretes que trabalham de/entre/para línguas de sinais dando lugar a diversos temas, tais como (i) o desenho curricular dos cursos de tradução e interpretação de/entre/para línguas de sinais; (ii) os tipos e modalidades de tradução envolvendo línguas de sinais; (iii) os âmbitos socioprofissionais e especializados de atuação; (iv) as questões profissionais e éticas relacionadas à atuação dos tradutores e dos intérpretes de línguas de sinais; (v) a necessidade de formação específica de acordo com o contexto de atuação, entre outros.

Enfim, hoje, o tradutor e o intérprete de Português-Libras são profissionais que devem percorrer uma trajetória formativa específica direcionada à aquisição e ao desenvolvimento da competência tradutória e/ou da competência interpretativa. Além disso, precisam especializar-se de acordo com as modalidades de tradução necessárias aos tipos de texto, gêneros textuais e/ou contextos em que pretendem atuar, entre outras demandas formativas específicas. Portanto, sua identidade social, seu perfil profissional e sua trajetória formativa, inicial e continuada, encontram-se historicamente delimitadas, indicando que o aperfeiçoamento, a politização e a qualificação estão no caminho desses profissionais intermodais e intramodais gestuais-visuais, surdos e ouvintes.

REFERÊNCIAS

ALBRES, N. A. *Intérprete educacional*: políticas e práticas em sala de aula inclusiva. São Paulo: Harmonia, 2015.

BRASIL. *Decreto n. 5.626*, de 22 de dezembro de 2005. Regulamenta a Lei n. 10.436, de 24 de abril de 2002, que dispõe sobre a Língua Brasileira de Sinais – Libras, e o art. 18 da Lei n. 10.098, de 19 de dezembro de 2000.

BRASIL. *Lei n. 10.436*, de 24 de abril de 2002. Dispõe sobre a Língua Brasileira de Sinais e dá outras providências. 2002.

BRASIL. *Lei n. 12.319*, de 1º de setembro de 2010. Regulamenta a profissão de Tradutor e Intérprete da Língua Brasileira de Sinais – Libras.

BRITO, L. F. *Integração social & educação de surdos*. Rio de Janeiro: Babel, 1993.

COUTINHO, D. M. D. Rever o passado, olhar o presente para pensar no futuro. In: SEMINÁRIO SURDEZ: DESAFIOS PARA O PRÓXIMO MILÊNIO. 2000. *Anais*... Rio de Janeiro: Instituto Nacional de Educação dos Surdos, INES, 2000. p. 77-79.

FEDERAÇÃO NACIONAL DE EDUCAÇÃO E INTEGRAÇÃO DE SURDOS – FENEIS. *Relatório Anual*: 1993. Rio de Janeiro: Feneis, 1993.

LIMA, M. S. C. *Surdez, bilinguismo e inclusão*: entre o dito, o pretendido e o feito. 2004. 271f. Tese (Doutorado em Linguística) – Instituto de Estudos da Linguagem, Universidade Estadual de Campinas, Campinas, 2004.

MASUTTI, M. L.; SANTOS, S. A. Intérpretes de Língua de Sinais: uma política em construção. In: QUADROS, R. M. (Org.). *Estudos Surdos III*. 1 ed. Petrópolis: Arara Azul, 2008. p. 148-167.

MOURA, M. C. *O surdo*: caminhos para uma nova identidade. Rio de Janeiro: Revinter, 2000.

PERLIN, G. A cultura surda e os intérpretes de Língua de Sinais. *ETD – Educação Temática Digital*, Campinas, v. 7, n. 2, p. 136-147, jun. 2006.

PINTO, F. B. *Vendo vozes*: a história da educação dos surdos no Brasil oitocentista. 2007. Disponível em: <http://www.cultura-sorda.eu>. Acesso em: 2 abr. 2007.

QUADROS, R. M. O tradutor e intérprete de língua brasileira de sinais e língua portuguesa. Secretaria de Educação Especial. Programa Nacional de Apoio à Educação de Surdos. Brasília: MEC; SEESP, 2002.

QUADROS, R. M. (Org.). *Letras Libras*: ontem, hoje e amanhã. Florianópolis: UFSC, 2014.

QUADROS, R. M.; SANTOS, S. A. O tradutor-intérprete de língua de sinais no Brasil: ontem, hoje e amanhã. *LSI. Lengua de Señas e Interpretación*, v. 1, p. 91-114, 2010.

RAMOS, C. R. *Histórico da Feneis até o ano de 1988*. Petrópolis: Editora Arara Azul, 2004.

RANGEL, G. M. M. *História do povo surdo em Porto Alegre*: imagens e sinais de uma trajetória cultural. 2004. 154f. Dissertação (Mestrado em Educação) – Faculdade de Educação, Universidade Federal do Rio Grande do Sul, Porto Alegre, 2004.

ROCHA, S. Histórico do INES. *Espaço*, Rio de Janeiro, n. 7, 32 p., jun. 1997. [Edição comemorativa 140 anos].

RODRIGUES, C. H. Da margem ao centro: preparando um novo campo de debate e reflexão. *Revista da Federação Nacional de Educação e Integração dos Surdos – Feneis*, Rio de Janeiro, n. 42. p. 30-34, dez./fev. 2011.

RODRIGUES, C. H.; VIEIRA-MACHADO, L. M. C. A língua de sinais na formação de professores: experiências no Espírito Santo e em Minas Gerais. *Educação e Filosofia* (UFU. Impresso), Uberlândia, v. 29, p. 247-278, 2015.

RODRIGUES, C. H; BEER, H. Direitos, Políticas e Línguas: divergências e convergências na/da/para educação de surdos. *Educação e Realidade*, Porto Alegre, v. 41, n. 3, p. 661-680, set. 2016.

RODRIGUES, C. H.; BEER, H. Os estudos da tradução e da interpretação de línguas de sinais: novo campo disciplinar emergente? *Cadernos de Tradução*, Florianópolis, v. 35, n. 2, p. 17-45, out. 2015.

RODRIGUES, C. H. Formação de Intérpretes e Tradutores de Língua de Sinais nas Universidades Federais Brasileiras: constatações, desafios e propostas para o desenho curricular. *Translatio*, n. 15, p. 197-222, jun. 2018.

ROSA, A. S. *Entre a visibilidade da tradução da língua de sinais e a invisibilidade da tarefa do intérprete*. Rio de Janeiro: Editora Arara Azul, 2008.

SANTOS, S. A. *Intérpretes de língua de sinais*: um estudo sobre as identidades. 2006. Dissertação (Mestrado em Educação) – Faculdade de Educação, Universidade Federal de Santa Catarina, Florianópolis, 2006.

SANTOS, S. A. Tradução e interpretação de língua de sinais: deslocamentos nos processos de formação. *Cadernos de Tradução*, Florianópolis, v. 2, n. 26, p. 145-164, out. 2010.

SOUZA, R. M. *Que palavra que te falta?*: linguística, educação e surdez. São Paulo: Martins Fontes, 1998.

UM OLHAR ETNOMATEMÁTICO PARA A EDUCAÇÃO MATEMÁTICA E FINANCEIRA DE ALUNOS SURDOS: CAMINHANDO PARA A CIDADANIA

Rodrigo Carlos Pinheiro
Milton Rosa

1. INTRODUÇÃO

A educação matemática para Surdos[1] é considerada um desafio para muitos professores e pesquisadores, devido às condições linguísticas e culturais desses estudantes. Portanto, ao propor estratégias, métodos e técnicas de ensino e aprendizagem em matemática para os alunos Surdos, é necessário conhecer e compreender as especificidades da Libras e da cultura surda. Além disso, é indispensável o estudo da Lei n. 10.436, de 24 de abril de 2002, que dispõe sobre a Língua Brasileira de Sinais (Libras) e, também, sobre a sua regulamentação por meio do Decreto n. 5.626, de 22 de dezembro de 2005.

Essas legislações são consideradas um marco na educação dos Surdos, pois lhes concedem o direito à educação em sua própria língua, lhes garantindo, também, acessibilidade em diversos espaços da sociedade, bem como a valorização de sua cultura. Nesse sentido, a cultura surda pode ser entendida como a maneira de os Surdos compreenderem o

[1] O termo Surdo, com letra maiúscula, é utilizado para se referir ao indivíduo que, tendo uma perda auditiva, não é caracterizado pela sua deficiência, mas por pertencer a uma cultura com língua própria. A utilização do termo surdo com letra minúscula refere-se à condição audiológica de não ouvir (PINHEIRO, 2017).

> mundo e de modificá-lo a fim de se torná-lo acessível e habitável, ajustando com suas percepções visuais, que contribuem para a definição das identidades surdas e das almas das comunidades surdas. Isso significa que abrange a língua, as ideias, as crenças, os costumes e os hábitos do povo surdo. (STROBEL, 2008, p. 27)

É importante ressaltar que a especificidade do grupo cultural dos Surdos está vinculada à existência de uma língua própria, a Libras, na qual os jargões, os costumes e os modos de pensar e agir são próprios da cultura surda, evidenciando-se, assim, a noção de identidade de cada membro desse referido grupo (PINHEIRO; ROSA, 2016).

Nesse direcionamento, a pesquisa desenvolvida por Pinheiro (2017) aponta sobre a necessidade de que a Educação Matemática e Financeira para alunos Surdos priorize os seus conhecimentos tácitos[2], bem como a sua língua e a sua cultura, que podem estar relacionados com a definição de etnomatemática ao estabelecer que:

> Etno é hoje aceito como algo muito amplo, referente ao contexto cultural, e, portanto, inclui considerações como linguagem, jargão, códigos de comportamento, mitos e símbolos; matema é uma raiz difícil, que vai na direção de explicar, de conhecer, de entender; e tica vem sem dúvida de techné, que é a mesma raiz de arte e de técnica. (D'AMBROSIO, 1993, p. 5)

Desse modo, a etnomatemática se relaciona com a cultura surda por causa de suas questões sociais e de suas práticas escolares, pois emerge do cotidiano em que a sua ação pedagógica necessita se concretizar em espaços escolares (ROSA, 2010). Nessa perspectiva, existe a necessidade de valorizar as experiências socioculturais dos estudantes Surdos para que possam vincular os próprios conhecimentos matemáticos àqueles disponibilizados nas instituições de ensino. Por conseguinte, o

> [...] ensino da matemática nesta concepção permitirá ao aluno vincular os conceitos trabalhando em classe a sua experiência cotidiana, de acordo

[2] O conhecimento matemático tácito está relacionado com as maneiras pelas quais os alunos utilizam as ideias, os procedimentos e as práticas matemáticas em sua vida diária, bem como se apropriam de suas experiências cotidianas, relacionando-as com as próprias vivências, crenças e valores culturais (ROSA; OREY, 2012, p. 265).

> com o seu ambiente natural, social e cultural. Não se trata de rejeitar a matemática acadêmica, mas sim incorporar a ela valores que são vivenciados nas experiências em grupo, considerando os vínculos histórico-culturais. (CARNEIRO, 2012, p. 3)

Portanto, é importante pensar em práticas pedagógicas que reconheçam as experiências vivenciadas pelos Surdos, assim como a sua história, a sua língua e os seus jargões para tornar eficiente o processo de leitura, de escrita e de aprendizagem matemática. Nesse contexto, a busca por estratégias de ensino e aprendizagem em matemática para os alunos Surdos pode ser realizada por meio do alinhamento da contextualização do ensino da Matemática de acordo com a realidade cultural desse grupo de alunos. Contudo, para alcançar esse objetivo, existe a necessidade da utilização da etnomatemática, visto que esse programa "representa um caminho para uma educação renovada em que a matemática pode proporcionar questionamentos sobre as situações reais vivenciadas pela sociedade" (FLEMMING *et al.*, 2005, p. 36-37).

Então, é possível estabelecer uma aproximação da cultura surda com a etnomatemática para que se possa destacar a importância de um currículo escolar que centralize a importância da língua de sinais para os membros desse grupo cultural (PINHEIRO, 2017). Para tanto, este capítulo passará pelo panorama geral da Educação Matemática e Financeira para alunos Surdos para, em seguida, apresentar o contexto da pesquisa e os seus participantes, bem como o *design* metodológico que foi utilizado neste estudo. Por fim, apontará alguns caminhos para o desenvolvimento da Educação Matemática e Financeira desses estudantes, enfatizando a construção da cidadania dos alunos surdos em uma perspectiva etnomatemática.

2. PANORAMA SOBRE A EDUCAÇÃO MATEMÁTICA E FINANCEIRA PARA ALUNOS SURDOS

Para discutir sobre a importância da Educação Matemática e Financeira para os alunos Surdos sob a perspectiva da etnomatemática, foi realizado um levantamento bibliográfico de pesquisas em português, inglês e espanhol, para verificar as produções, nacional e internacional, referentes a essa temática. Entre os trabalhos consultados, em relação ao processo de ensino e aprendizagem de conteúdos matemáticos para alunos Surdos, ainda há uma lacuna a ser preenchida no que diz respeito às pesquisas e às práticas docentes nas escolas, em virtude do desconhecimento ou por causa da não utilização, por parte dos professores ouvintes, da Língua Brasileira de Sinais como um meio de instrução na disciplina de Matemática.

Além disso, é necessário que se reconheça a existência de desafios enfrentados pelos alunos Surdos com relação à aprendizagem em Matemática (NUNES, 2004), como, por exemplo, a realização de atividades curriculares envolvendo a resolução de problemas e o entendimento da conceituação de razões, proporções e porcentagem na utilização e aplicação do dinheiro e das finanças.

Diante desse contexto, Nunes, Evans, Barros e Burman (2013) explicam que as atividades matemáticas devem explorar o aspecto visual dos conteúdos, sendo importante que as intervenções pedagógicas sejam planejadas para atender as especificidades dos alunos Surdos. Assim, uma maneira de possibilitar o acesso dos alunos Surdos aos conceitos e conteúdos matemáticos e financeiros é por meio da utilização de representações visuais e espaciais (BULL, 2008; PINHEIRO, 2017).

No entanto, esses alunos podem ser prejudicados no processo de ensino e aprendizagem em Matemática se carecerem de oportunidades para utilizar as suas habilidades visuais e espaciais para representar e manipular as informações presentes nos problemas matemáticos (NUNES, 2004) propostos em sala de aula.

Por conseguinte, uma abordagem pedagógica que contemple as habilidades visuais e espaciais dos alunos Surdos, bem como a valorização de sua língua e de sua cultura, requer a elaboração de atividades curriculares que promovam a interação desses estudantes em sala de aula. Nesse contexto, é importante que os professores se conscientizem sobre a necessidade da elaboração de estratégias e métodos de ensino inovadores que sejam adequados para a aprendizagem dos alunos Surdos.

Bertoli (2012) argumenta, então, que para que o processo de ensino e aprendizagem em matemática possa ocorrer de maneira satisfatória em salas de aula com alunos Surdos, os professores devem buscar o apoio e o suporte de três fatores: a língua de sinais, o conhecimento matemático e uma metodologia apropriada. Esses fatores podem ser considerados como as bases de um tripé educacional, pois sem o domínio da Libras, não há o desenvolvimento de uma comunicação efetiva entre os envolvidos nesse processo.

O conhecimento matemático interligado às questões de economia, de sustentabilidade, de vida profissional e de vida financeira pessoal e familiar pode contribuir para o crescimento individual dos alunos Surdos e, também, para a sua inserção na sociedade. Assim, entende-se que a

> Educação Financeira [é] como uma prática social [...]. Estamos preocupados em contribuir não somente com a oferta de informações sobre o funcionamento de objetos financeiro-econômicos (taxa de juros, prestações, cartões, empréstimos, etc.), mas também e, principalmente, com a tomada da decisão de consumo dos indivíduos-consumidores. (CAMPOS, 2013, p. 13)

Campos (2013) argumenta ainda que, de acordo com a Organização de Cooperação e de Desenvolvimento Econômico (OCDE - 2005),[3] a educação financeira deve ser ensinada desde a educação infantil. Então, a educação financeira tem como objetivo contribuir para o desenvolvimento da criticidade, da autonomia e da cidadania dos alunos Surdos por meio da elaboração de atividades curriculares que possibilitem a reflexão crítica sobre a influência que os conteúdos matemáticos, relacionados a ela, podem desencadear nas escolas.

3. CONTEXTO DA PESQUISA E *DESIGN* METODOLÓGICO

Os resultados aqui apresentados são originários de uma pesquisa de mestrado que foi realizada em uma escola pública da região metropolitana de Belo Horizonte, estado de Minas Gerais, especializada no atendimento de alunos Surdos. A escola oferece os ensinos Fundamental I e Fundamental II, sendo que, nos turnos matutino e noturno, as turmas ofertadas são de Ensino Fundamental II na modalidade da Educação de Jovens e Adultos (EJA). Além disso, todas as aulas e atividades propostas nas salas e nas dependências dessa escola são desenvolvidas em Língua Brasileira de Sinais.

Ressalta-se que, pelo fato de o primeiro autor deste capítulo conhecer a maioria dos alunos, optou-se por realizar essa pesquisa com duas turmas dos anos finais do Ensino Fundamental II: uma turma do 3° período B da EJA, do período noturno, e outra do 2° período A da EJA, do período matutino, ambas com 10 alunos cada. Além

[3] A OCDE é um organismo internacional e intergovernamental, criado em 1961, que possui 34 países membros, tendo o objetivo de desenvolver atividades nas mais diversas áreas do conhecimento humano, discutindo desde assuntos macro, como, por exemplo, ações contra terrorismo, até assuntos micro, como, por exemplo, os textos com fontes minúsculas muito comuns ao final de contratos (CAMPOS, 2013, p. 14).

disso, durante a condução do estudo, o primeiro autor foi o professor regente apenas da turma do 3º período B, contudo, a professora responsável pela turma do 2º período A cedeu as suas aulas de Matemática para a realização dessa investigação. Então, os participantes dessa pesquisa, que tinham entre 15 e 56 anos, totalizaram 20 alunos de duas turmas que estavam cursando o 2º e 3° ano da EJA Fundamental II, dos turnos matutino e noturno, respectivamente.

Por meio do contato diário com esses alunos e dos dados obtidos pelos instrumentos de coleta, constatou-se que muitos participantes eram dependentes dos pais ou de seus responsáveis, pois não haviam desenvolvido a autonomia necessária para realizarem compras e deslocarem-se sozinhos para a escola ou outros ambientes sociais. De acordo com os professores de Matemática da escola que lecionaram anteriormente para esses alunos, muitos deles também tinham dificuldades com as finanças, com a manipulação de dinheiro e com a realização de cálculos matemáticos.

É importante ressaltar que, nossa pesquisa, de natureza qualitativa, buscou identificar quais foram as contribuições do Programa Etnomatemática para o desenvolvimento da educação financeira de alunos surdos que se comunicam em Libras. Consequentemente, para alcançar esse objetivo, entre os vários *designs* metodológicos disponíveis, definiu-se pela utilização da teoria fundamentada nos dados (Grounded Theory).

De acordo com os pressupostos da teoria fundamentada, o conjunto dos dados brutos, denominado de *amostragem teórica*, que foi coletado em Libras durante a realização do trabalho de campo, foi transcrito para facilitar a sua análise, bem como para interpretar as informações obtidas durante a fase analítica. Posteriormente, os dados foram codificados por meio das *codificações aberta* e *axial* para a elaboração das categorias de análise que facilitaram a interpretação dos resultados obtidos neste estudo.

No contexto dessa teoria, foram utilizados como instrumentos de coleta: dois questionários, diário de campo, entrevistas semiestruturadas e três blocos de atividades matemáticas do registro documental, que possibilitaram a análise dos dados e, posteriormente, a interpretação das repostas fornecidas pelos participantes, auxiliando o primeiro autor, sob orientação do segundo, na busca de uma resposta para a questão de investigação. Todos os instrumentos de coleta, exceto o diário de campo, foram aplicados em Libras e filmados e, depois, realizou-se a tradução e a transcrição de todas as filmagens.

É importante ressaltar que os nomes dos participantes foram codificados por letras, que indicaram a sua turma, e por números, que indicaram o seu gênero, pois esse procedimento visou a preservação de suas identidades. Por exemplo, a numeração ímpar foi utilizada para indicar o gênero masculino enquanto a numeração par indicou o gênero feminino.

4. DELINEANDO CAMINHOS PARA O DESENVOLVIMENTO DA EDUCAÇÃO MATEMÁTICA E FINANCEIRA DE ESTUDANTES SURDOS

A pesquisa apontou alguns caminhos para o desenvolvimento da educação financeira de alunos surdos em uma perspectiva da etnomatemática. Nesse sentido, o primeiro passo para que os professores possam obter êxito na tarefa para possibilitar o desenvolvimento da cidadania dos estudantes Surdos é conhecer a sua cultura, ou seja, a cultura surda. O segundo é conhecer a língua desses alunos, a Libras. O terceiro e último passo é a elaboração de atividades curriculares matemáticas que valorizem a cultura surda e que respeitem as potencialidades e as limitações desses estudantes.

Nesse sentido, elaboramos três blocos de atividades matemáticas que estão relacionados com conteúdos de educação financeira, como, por exemplo, o sistema monetário brasileiro, a porcentagem, o lucro e o desconto.

O primeiro bloco, denominado História da Moeda e do Sistema Monetário Brasileiro, foi elaborado com atividades que procurassem valorizar os aspectos peculiares da cultura surda. Nessas atividades foram utilizadas imagens para favorecer as habilidades visuais dos alunos Surdos, por meio de projetor multimídia.

O segundo bloco de atividades continha aulas com atividades sobre o tema porcentagem que foram trabalhadas em Libras com os participantes, por meio da utilização de projetor multimídia e com a realização de uma atividade lúdica.

O terceiro bloco de atividades continha aulas sobre o conteúdo lucro e desconto e foram ministradas em Libras. Esse bloco também foi composto por atividades individuais escritas, elaboradas com enunciados curtos e com gravuras para auxiliar o desenvolvimento das habilidades visuais desses alunos. Além disso, também continha uma dinâmica em grupo relacionada com o conteúdo.

É importante enfatizar que os blocos de atividades foram elaborados com situações-problema condizentes com a realidade sociocultural dos alunos Surdos e, posteriormente, foram aplicados em Libras pelo primeiro autor deste texto. Além disso, devido a certas limitações apresentadas por alguns participantes, no decorrer da pesquisa, foi necessário modificar algumas atividades propostas e, também, incluir outras novas para que o conteúdo financeiro fosse finalizado de acordo com o cronograma proposto inicialmente.

Após a aplicação desses três blocos de atividades, os dados brutos coletados foram codificados, analisados e interpretados de acordo com a teoria fundamentada e com o referencial teórico proposto para esse estudo. Consoante a esse procedimento analítico, foram identificadas, por meio das codificações aberta e axial, três categorias, *ação pedagógica para a educação financeira*, *contextualização da Matemática* e *desenvolvimento da cidadania*, e uma subcategoria, *dificuldades e diferenças de comunicação para o desenvolvimento do conhecimento matemático*, que estavam relacionadas com a problemática deste estudo.

Essas três categorias e subcategoria evidenciaram que as atividades curriculares matemáticas elaboradas sob a perspectiva da etnomatemática podem propiciar um ambiente que favoreça o desenvolvimento da Educação Matemática e Financeira de alunos Surdos que se comunicam em Libras, visto que, por meio da contextualização, é possível compreender as soluções propostas para a resolução dos problemas enfrentados no cotidiano.

Dessa maneira, é importante que a prática pedagógica em sala de aula seja reorientada para o desenvolvimento da cidadania dos alunos Surdos. Assim, as categorias compõem caminhos promissores para o desenvolvimento da Educação Matemática e Financeira desses estudantes. Contudo, este capítulo se aprofundará apenas nos resultados relacionados com a terceira categoria denominada desenvolvimento da cidadania.

5. DESENVOLVENDO A CIDADANIA DE ALUNOS SURDOS EM UMA PERSPECTIVA ETNOMATEMÁTICA

A relação entre cidadania e educação financeira está presente na sociedade moderna: as informações são veiculadas em linguagem matemática por meio de taxas percentuais, de coeficientes multiplicativos, de diagramas, de gráficos e de dados estatísticos (PINHEIRO, 2017). Então, para que os alunos surdos possam entender essas informações, é necessário que saibam lidar com o conhecimento matemático e financeiro.

A Lei de Diretrizes e Bases da Educação Nacional (LDB) aponta em suas disposições gerais, no capítulo II, Art. 22, que a "educação básica tem por finalidades desenvolver o educando, assegurar-lhe a formação comum indispensável para o exercício da cidadania e fornecer-lhe meios para progredir no trabalho e em estudos posteriores" (BRASIL, 1996, p. 17). Nesse sentido, é papel da escola e, consequentemente, dos professores realizar a docência com o propósito de desenvolver a criticidade, a autonomia e a cidadania em seus alunos. Contudo, considerando a heterogeneidade presente na sociedade, as escolas devem acolher todos os alunos, independentemente de suas condições físicas, intelectuais, emocionais, sociais, culturais e linguísticas (BRASIL, 2006).

Nesse direcionamento, um dos principais focos da educação é propiciar e estimular o desenvolvimento do pensamento crítico e reflexivo dos alunos, surdos e ouvintes, para auxiliá-los no desenvolvimento do conhecimento matemático e financeiro com o objetivo de prepará-los para o exercício pleno da cidadania. Entretanto, no processo de ensino e aprendizagem em Matemática para os alunos surdos, existe a necessidade de que esses objetivos também contemplem a utilização da Libras, pois a associação de ambos oportuniza o conhecimento e a compreensão dos conteúdos matemáticos e financeiros, auxiliando os alunos na preservação de valores da cultura surda para que possam se fortalecer como cidadãos ativos da sociedade.

Por exemplo, neste estudo, as atividades matemáticas foram contextualizadas de acordo com a realidade dos alunos surdos e elaboradas de maneira que valorizassem as suas habilidades visuais, mas, além disso, todas as discussões, comentários e esclarecimentos de dúvidas em relação às tarefas propostas em sala de aula foram realizadas em Libras. Então, a interpretação dos resultados obtidos mostra que a associação do ensino de Matemática com a utilização da língua de sinais proporcionou o desenvolvimento da autoestima dos participantes, pois valorizou a cultura surda e promoveu o desenvolvimento de seu conhecimento matemático e financeiro.

Nesse contexto, a interpretação da análise dos dados mostrou que as atividades propostas possibilitaram que os alunos surdos refletissem e discutissem sobre os conteúdos da educação financeira por meio de diálogos em sala de aula realizados em Libras. De acordo com os resultados obtidos, pode-se inferir que esses alunos utilizaram o pensamento financeiro para demonstrar o desenvolvimento de sua capacidade crítica e reflexiva. Por exemplo, o participante B27 relatou que o "Cartão de débito é bom pra fazer comprar e ganhar um desconto", enquanto o participante B19 comentou que "Eu já tive lucro quando eu vendi meu suplemento [alimentar] para o meu colega de trabalho".

Dessa maneira, é importante promover momentos de reflexão em sala de aula que auxiliem no desenvolvimento da autonomia e do pensamento crítico e reflexivo dos alunos surdos. Por exemplo, durante as discussões propostas, o participante B19 comentou que "Às vezes vou fazer uma compra e o produto tá muito caro, então eu peço um desconto para pagar mais barato".

Em concordância com a LDB, na seção IV referente ao Ensino Médio, a educação básica tem como finalidade a "preparação básica para o trabalho e a cidadania do educando como pessoa humana, incluindo a formação ética e o desenvolvimento da autonomia intelectual e do pensamento crítico" (BRASIL, 1996, p. 47). Então, para que pudesse alcançar os objetivos, as atividades matemáticas relacionadas com a educação financeira foram elaboradas sob a perspectiva do programa etnomatemática. Nessa concepção pedagógica de currículo, a Matemática é considerada como:

> um instrumento importantíssimo para a tomada de decisões, pois apela para a criatividade. Ao mesmo tempo, a matemática fornece os instrumentos necessários para uma avaliação das consequências da decisão escolhida. A essência do comportamento ético resulta do conhecimento das consequências das decisões que tomamos. (D'AMBROSIO, 2002, p. 4)

Em concordância com essa asserção, o principal propósito da educação matemática deve ser a evolução de uma "educação [que] possibilite, ao educando, a aquisição e utilização dos instrumentos comunicativos, analíticos e materiais que serão essenciais para seu exercício de todos os direitos e deveres intrínsecos à cidadania" (D'AMBROSIO, 2009, p. 66).

Por conseguinte, as atividades propostas durante a condução deste estudo também buscaram proporcionar o desenvolvimento de um processo educacional que possibilitou aos alunos surdos uma visão crítica de sua realidade. Por exemplo, o participante A11 foi questionado sobre qual a forma de pagamento que utilizaria para comprar uma televisão nova. O participante relatou que "compraria à vista, [pois] se fizer um empréstimo os juros vão deixar a TV bem mais cara".

Nesse estudo, a etnomatemática foi considerada como uma ação pedagógica que possibilitou que os conteúdos matemáticos relacionados com a educação financeira propiciassem o desenvolvimento da autonomia dos alunos surdos. Por exemplo, o participante B21 respondeu que: "Aprendi a contar dinheiro e vou ajudar minha mãe na hora das compras". Assim, Alves (2014) argumenta que um dos principais objetivos das escolas, como agentes da formação de cidadania, é auxiliar os alunos no desenvolvimento de habilidades e competências necessárias para o exercício da cidadania e para a convivência em sociedade.

De acordo com os documentos da UNESCO (1994), o papel da escola é auxiliar os surdos a se tornarem cidadãos ativos, provendo-os com as habilidades necessárias para que possam realizar as atividades cotidianas. Dessa maneira, é importante que os alunos surdos enquanto cidadãos processem as competências que os auxiliem a entenderem e interpretarem criticamente os dados numéricos presentes em suas tarefas diárias (MALLOY, 2002).

Consequentemente, a perspectiva etnomatemática possibilita que os alunos surdos prossigam os estudos e exerçam responsavelmente a cidadania para que possam tomar decisões com o objetivo de resolverem os problemas enfrentados diariamente. Por exemplo, no questionário final deste estudo, o participante B15 respondeu que as atividades realizadas em sala de aula contribuíram para que pudesse refletir sobre as compras que realizava, pois "na hora que eu compro eu confiro o troco". Então, o conhecimento matemático e financeiro pode ser considerado como um:

> instrumento importantíssimo para a tomada de decisões, pois apela para a criatividade. Ao mesmo tempo, a matemática [e a educação financeira] fornece [m] os instrumentos necessários para uma avaliação das consequências da decisão escolhida. A essência do comportamento ético resulta do conhecimento das consequências das decisões que tomamos. (D'AMBROSIO, 2002, p. 4)

Nesse contexto, para "exercer a cidadania é necessário saber calcular, medir, raciocinar, argumentar e tratar informações estatisticamente" (BRASIL, 1998, p. 26). Então, é importante que os professores busquem informações provenientes do cotidiano dos alunos surdos para a elaboração de atividades pedagógicas que possam valorizar o meio sociocultural da comunidade escolar em que esses estudantes estão inseridos (ROSA, 2010).

Por conseguinte, a interpretação dos resultados obtidos na fase analítica mostrou que as atividades propostas neste estudo proporcionaram o desenvolvimento da cidadania e da consciência crítica dos alunos surdos, pois esses assuntos estiveram subjacentes em várias etapas, envolvendo a coletividade, a transformação, a criticidade e a reflexão. Por exemplo, o participante B25 argumentou que: "Quando fizemos o mercado em sala parecia que eu estava comprando de verdade e não sabia se o dinheiro ia dar pra comprar tudo que coloquei na sacola [...] Acho que isso acontece com muita gente".

Por outro lado, a dependência de outra pessoa pode comprometer a capacidade de criar, raciocinar, tomar decisões e conquistar a autonomia, tornando-se um obstáculo para o exercício pleno da cidadania (PINHEIRO, 2017). A interpretação dos resultados obtidos mostrou que alguns participantes são dependentes de ouvintes para a realização de atividades cotidianas que envolvam dinheiro. Por exemplo, o participante A9 comentou que "eu não faço compras sozinho" e, similarmente, a participante B10 relatou que "tenho três filhos [ouvintes] e sempre algum deles vai comigo fazer as compras", enquanto o participante A5 respondeu que "não vou ao shopping sozinho, vou com minha mãe".

É importante enfatizar que a "educação escolar representa o caminho mais seguro para a independência e a autonomia de [...] Surdos e, posteriormente, o seu ingresso no mercado de trabalho, com a qualificação necessária [para] a profissionalização" (FERNANDES, 2012, p. 13). De acordo com essa perspectiva, é imperativo que a escola ofereça subsídios para que os alunos surdos adquiram autonomia que lhes possibilitem realizar as suas tarefas diárias e tomar as suas próprias decisões de uma maneira consciente.

Porém, além da relação de dependência de uma pessoa ouvinte demonstrada por alguns alunos surdos, a interpretação da análise dos dados também mostrou outros fatores que podem gerar obstáculos para que esses estudantes adquiram um conhecimento matemático e financeiro direcionado para o desenvolvimento de sua cidadania. Fatores que estão relacionados com a ilusão e a dependência financeira. Por exemplo, o participante B27 comentou que quando precisa comprar algum produto, "Eu peço minha mãe pra comprar. Às vezes ela me dá dinheiro", enquanto o participante A1 argumentou que prefere fazer compras no "Cartão de crédito. Porque leva 30 dias para pagar", e, em relação aos impostos, a participante B10 respondeu: "Nunca paguei imposto".

A ilusão financeira está relacionada com a *fantasia* que as compras parceladas proporcionam aos consumidores, pois os direcionam para a utilização do cartão de crédito e a obtenção de crédito fácil de uma maneira enganosa, propagadas como as melhores opções para a realização de compras. Kistemann Jr. (2011, p. 201) argumenta que:

> Ao apresentar possibilidades de ilusão monetária, como a de preço parcelado igual a preço à vista, as empresas buscam dar um poder de compra (empoderamento do indivíduo-consumidor) que, muitas vezes, o próprio indivíduo-consumidor desconfia que não tem, mas que graças às estratégias convincentes de marketing podem começar a acreditar que tem mesmo um poder de consumir.

Portanto, é importante que os professores trabalhem as questões relacionadas com a Educação Matemática e Financeira com os seus alunos, utilizando exemplos do cotidiano que mostrem as implicações e as consequências do consumo inconsciente.

Para promover a autonomia, a criticidade e a reflexão dos alunos surdos é necessário o desenvolvimento de uma metodologia de ensino que respeite os "aspectos linguístico-culturais específicos da surdez, de modo a estimular e propiciar a autonomia, rompendo com o preconceito de que o surdo é improdutivo e incapaz e que necessita de tutela para o pleno e autêntico exercício da cidadania" (DALCIN, 2009, p. 62). Dessa maneira, é importante que a prática pedagógica em sala de aula seja reorientada para o desenvolvimento da cidadania dos alunos surdos.

6. CONSIDERAÇÕES FINAIS

Existe a necessidade de que os alunos surdos percebam que a Matemática está presente nos fenômenos diários e nas práticas sociais para que possam resolver os problemas presentes em seu cotidiano. Assim, a implantação de uma proposta de ensino e aprendizagem que busque a contextualização para combinar o ensino com os problemas oriundos da sociedade e de outras disciplinas, poderá proporcionar para esses alunos a apropriação do conhecimento matemático e financeiro por meio da ação pedagógica da etnomatemática.

Para ensinar Matemática para alunos surdos, é fundamental considerar as práticas matemáticas existentes fora do contexto escolar com a utilização de concepções antropológico-culturais para que se possam compreender as marcas culturais surdas, como, por exemplo, a experiência visual, a utilização da língua de sinais, a participação em comunidades e as lutas surdas, por meio da elaboração de materiais didático-pedagógicos que auxiliem esses alunos na aprendizagem de conteúdos relacionados com a educação financeira, de uma maneira dinâmica, interativa e motivadora. Enfim, é preciso construir um currículo matemático pautado na diferença surda como uma construção cultural e histórica.

Além disso, é importante ressaltar a importância da utilização de uma metodologia de ensino que valorize e respeite a Cultura Surda associada com a elaboração de atividades matemáticas fundamentadas em uma perspectiva etnomatemática. Associada também com aulas ministradas em Língua Brasileira de Sinais, o que pode se tornar uma combinação ideal para promover discussões e reflexões em sala de aula. Nessa abordagem, o Programa Etnomatemática pode possibilitar a superação das barreiras da comunicação e contribuir para que os professores propiciem oportunidades para os alunos surdos transcenderem e desenvolverem as suas potencialidades matemáticas para o pleno exercício de sua cidadania.

Essa proposta de uma ação pedagógica da etnomatemática para o desenvolvimento da Educação Financeira de alunos Surdos que se comunicam em Libras, demanda dos agentes envolvidos no processo educacional, em especial dos professores, um envolvimento educacional que lhes permitam analisar o processo de ensino e aprendizagem com base em um discurso crítico e fundamentado na prática e na teoria. Isso visa o desenvolvimento de espaços democráticos de reflexão para que esses alunos possam se apropriar dos conteúdos matemáticos de educação financeira de uma maneira crítica e reflexiva, possibilitando-lhes participar ativamente da sociedade exercendo plenamente a sua cidadania.

Nesse sentido, a etnomatemática promove a reflexão sobre o processo de ensino e aprendizagem em Matemática com relação aos conteúdos e métodos, bem como sobre o papel dessa área de conhecimento na construção da cidadania. Busca, assim, evidenciar e analisar uma proposta para o desenvolvimento de uma ação pedagógica contextualizadora da cultura surda e do meio social dos alunos surdos. Dessa maneira, de acordo com Scott-Wilson (2009), a comunidade escolar necessita desenvolver um olhar diferenciado para trabalhar os conteúdos matemáticos e, assim, contribuir para o desenvolvimento de habilidades que tornem esses alunos autônomos, críticos e reflexivos para que possam viver e conviver em sociedade.

REFERÊNCIAS

ALVES, G. M. *As contribuições da etnomatemática e da perspectiva sociocultural da história da matemática para a formação da cidadania dos alunos de uma turma do 8º ano do ensino fundamental por meio do ensino e aprendizagem de conteúdos da educação financeira.* 2014. Dissertação (Mestrado Profissional em Educação Matemática) - Departamento de Matemática, Universidade Federal de Ouro Preto, Outro Preto, 2014.

BERTOLI, V. O ensino da matemática para alunos surdos. In: Anais do 3º SIMPÓSIO DE ENSINO DE CIÊNCIA E TECNOLOGIA, 2012. Ponta Grossa: SINECT, 2012. p. 1-8.

BRASIL. *Diretrizes e bases da educação nacional.* Lei n. 9.394, de 20 de dezembro de 1996. Disponível em: <http://portal.mec.gov.br/arquivos/pdf/ldb.pdf>. Acesso em: 12 out. 2018.

BRASIL. *Parâmetros curriculares nacionais*: Matemática. Brasília: MEC/SEF, 1998.

BRASIL. *Saberes e práticas da inclusão*: desenvolvendo competências para o atendimento às necessidades educacionais especiais de alunos surdos. Brasília: MEC/SEE, 2006.

BULL, R. Deafness, Numerical Cognition, and Mathematics. In MARSCHARK, M.; HAUSER, P. (Ed.). *Deaf Cognition*: Foundations and Outcomes. New York: Oxford University Press, 2008. p. 170-200.

CAMPOS, A. B. *Investigando como a educação financeira crítica pode contribuir para tomada de decisões de consumo de jovens-indivíduos-consumidores.* 2013. Dissertação (Mestrado Profissional em Educação Matemática) - Universidade Federal de Juiz de Fora, Juiz de Fora, 2013.

CARNEIRO, K. T. A. *Cultura surda na aprendizagem matemática da sala de recurso do Instituto Felipe Smaldone: uma abordagem etnomatemática.* In: anais do 4º CONGRESSO BRASILEIRO DE ETNOMATEMÁTICA, 2012. Belém, PA: ICEm4, 2012.

DALCIN, G. *Psicologia da educação de Surdos.* Florianópolis: CCE/UFSC, 2009.

D'AMBROSIO, U. Etnomatemática: um programa. *Educação Matemática em Revista*, Brasília, v. 1, n. 1, p. 5-11, 1993.

D'AMBROSIO, U. *Que matemática deve ser aprendida nas escolas hoje?* Teleconferência no Programa PEC. Formação Universitária. São Paulo: Programa PEC, 2002.

D'AMBROSIO, U. *Etnomatemática*: elo entre as tradições e a modernidade. Belo Horizonte: Autêntica, 2009.

FERNANDES, S. *O que os surdos adultos têm a dizer aos pais de crianças surdas?* Curitiba: Secretaria da Educação do Estado do Paraná, 2012. Disponível em: <http://www.diaadiaeducacao.pr.gov.br/portals/pde/arquivos/1076-2.pdf>. Acesso em: 20 out. 2018.

FLEMMING, D. M; LUZ, E. F.; MELLO, A. C. C. *Tendências em educação matemática*. Palhoça: Editora Inisul Virtual, 2005.

KISTEMANN, JR. M. A. *Sobre a produção de significados e a tomada de decisão de indivíduos-consumidores*. 2011. Tese (Doutorado em Educação Matemática) – Instituto de Geociências de Ciências Exatas, Universidade Estadual Paulista, Rio Claro, 2011.

MALLOY, C. E. Democratic Access to Mathematics Through Democratic Education. An introduction. In: ENGLISH, L. D. (Ed.). *Handbook of International Research in Mathematics Education*. Mahwah, NJ: Erlbaum, 2002. p. 17-25.

NUNES, T. *Teaching Mathematics to Deaf Children*. London: Whurr, 2004.

NUNES, T.; EVANS, D.; BARROS, R.; BURMAN, D. Promovendo o sucesso das crianças surdas em matemática: uma intervenção precoce. *Cuadernos de Investigación y Formación en Educación Matemática*, Costa Rica, v. 8, n. 11, p. 263-175, 2013.

PINHEIRO, R. C. *Contribuições do programa etnomatemática para o desenvolvimento da educação financeira de alunos Surdos que se comunicam em Libras*. 2017. Dissertação (Mestrado Profissional em Educação Matemática) – Departamento de Educação Matemática, Universidade Federal de Ouro Preto, Ouro Preto, 2017.

PINHEIRO, R. C.; ROSA, M. Uma perspectiva etnomatemática para o processo de ensino e aprendizagem de alunos Surdos. *RPEM*, Campo Mourão, v. 5, n. 9, p. 56-83, 2016.

ROSA, M. *A Mixed-Methods Study to Understand the Perceptions of High School Leaders About English Language Learners (ELL) Students*: the Case of Mathematics. 2010. Tese (Doutorado) – College of Education, Califórnia State University, Sacramento, 2010.

ROSA, M.; OREY, D. C. A modelagem como um ambiente de aprendizagem para a conversão do conhecimento matemático. *Bolema*, v. 26, n. 42-A, p. 261-290, 2012.

STROBEL, K. *As imagens do outro sobre a cultura surda*. Florianópolis: Editora UFSC, 2008.

SCOTT-WILSON, R. *A Teacher's Journey Into Problem Solving Mathematics with Deaf Learners* –Master in Education. Centre for Deaf Students. Faculty of Humanities. Johannesburg: University of the Witwatersrand, 2009.

UNESCO. *Declaração de Salamanca e enquadramento da ação na área das necessidades educativas especiais*. Conferência Mundial sobre Necessidades Educativas Especiais: Qualidade. Salamanca, Espanha: UNESCO, 1994.

SOBRE AS ORGANIZADORAS

Dayse Garcia Miranda

Professora do Departamento de Letras da Universidade Federal de Ouro Preto (UFOP). Atuou como intérprete de Libras na Rede Minas/Secretaria de Estado de Cultura de Minas Gerais por mais de vinte anos e foi intérprete educacional no Ensino Superior. Atuou no Centro de Capacitação de Profissionais da Educação e Atendimento às Pessoas com Surdez (CAS), da Secretaria de Estado de Educação de Minas Gerais, com capacitação e formação de intérprete de Língua de Sinais. Também foi assessora de Recursos Humanos da CODABE, no encaminhamento de surdos ao mercado de trabalho. É membro do Núcleo de Estudos de Libras, Surdez e Bilinguismo (NELiS), que conta com a participação atualmente de pesquisadores de outras universidades.

Luciana Freitas

Doutoranda em Estudos de Linguagens, na linha de pesquisa Linguagem, Ensino, Aprendizagem e Tecnologia, do Centro Federal de Educação Tecnológica de Minas Gerais (CEFET-MG), bem como Mestre em Estudos de Linguagens, também pelo CEFET-MG. Graduada em Pedagogia pelo Centro Universitário de Belo Horizonte (UniBH), Orientação Educacional (2000). Pós-graduada em Pedagogia Empresarial pelo Centro de Estudos e Pesquisas Educacionais de Minas Gerais (CEPEMG, 2002), Educação Inclusiva pela Universidade Castelo Branco (IESDE, 2006), Pós-graduada em Tradutor e Intérprete de Libras pela Faculdade Pitágoras (2011). Possui experiência como alfabetizadora de alunos surdos, na Rede Municipal de Belo Horizonte, e Orientação Educacional na Escola Estadual Francisco Sales. Atua como Orientadora Educacional, na organização de cursos de Libras e Língua Portuguesa como segunda língua – Alfabetização e Letramento –, em seminários e projetos para profissionais da educação e familiares de pessoas surdas, no Centro de Capacitação de Profissionais da Educação e atendimentos às pessoas com surdez (CAS-BH/MG). Também é professora do Atendimento Educacional Especializado (AEE), na Rede Municipal de Educação de Belo Horizonte, desde 2010.

SOBRE OS AUTORES

Carlos Henrique Rodrigues

Professor Adjunto do Departamento de Libras (DLSB) e Professor Permanente do Programa de Pós-Graduação em Estudos da Tradução (PGET) da Universidade Federal de Santa Catarina (UFSC); líder e pesquisador do Grupo de Pesquisas em Interpretação e Tradução de Línguas de Sinais (InterTrads-UFSC); pesquisador do Núcleo de Estudos e Pesquisas em Educação e Diversidade da Universidade Federal de Juiz de Fora (NEPED-UFJF); Pós-Doutorado pela Universitat Autònoma de Barcelona junto ao Grupo PACTE (2017-2018); Doutor em Linguística Aplicada (Estudos da Tradução) pelo PosLIN-FALE-UFMG (2013); Mestre em Educação (Educação e Linguagem) pelo Posgrad-FaE-UFMG (2008); Especialista em Educação Inclusiva pela Escola de Governo da Fundação João Pinheiro (2006); Bacharel em Teologia com ênfase em pesquisa pela FATEBH (2001); Educador de Jovens e Adultos - PEFEJA-FaE-UFMG (2002); Bacharel e Licenciado em História pela FAFICH-UFMG (2003/2004); tradutor e intérprete de Libras-Português, certificado pela FENEIS (2002), pelo CASBH (2006) e pelo PROLIBRAS-MEC-UFSC (2006); professor de Libras certificado pelo PROLIBRAS-MEC-UFSC (2007).

Elidéa Lúcia Almeida Bernardino

Doutora em Linguística Aplicada pela Boston University (2006), Mestra em Estudos Linguísticos pela Universidade Federal de Minas Gerais (UFMG), em 1999, graduada em Letras (1995) e em Tradução e Interpretação (1993) pelo Centro Universitário Newton Paiva. É professora associada de Libras na UFMG, onde também realizou seu primeiro pós-doutorado (2009). Nessa instituição coordena a Área de Libras e é líder do Grupo de Pesquisa do CNPq: Núcleo de Estudos de Libras, Surdez e Bilinguismo (NELiS), que conta com a participação de pesquisadores da UFMG e de outras universidades.

Fernanda Grazielle Aparecida Soares de Castro

Doutoranda em Linguística pela Universidade do Estado do Rio de Janeiro e Mestre em Educação pela Pontifícia Universidade Católica de Minas Gerais (PUC Minas). Possui graduação em Normal Superior pela PUC Minas (2006) e em Letras Libras pela Universidade Federal de Santa Catarina (2012), bem como Pós-Graduação em Psicopedagogia – Educação Especial e Inclusiva pela PUC Minas (2008). Atualmente, é professora de Libras da Universidade Federal do Rio de Janeiro (UFRJ) e coordenadora do Departamento do Curso de Letras/Libras na UFRJ. É professora de Educação, Linguística e atua em Laboratório de Tradução e Interpretação de Libras.

Giselli Mara da Silva

Doutora em Estudos Linguísticos pela Faculdade de Letras da Universidade Federal de Minas Gerais (FALE-UFMG), em 2018, Mestra em Educação pela Faculdade de Educação da UFMG (2010) e graduada em Letras/ Licenciatura em Português (2004) pela FALE-UFMG. Desde 2004, atua na área de educação de surdos, tendo sido professora de Português como segunda língua para surdos no Ensino Fundamental e, também, formadora em cursos para professores. Trabalhou no Centro de Capacitação de Profissionais da Educação e Atendimento às Pessoas com Surdez (CAS/SEE-MG), com formação de professores para surdos e, também, na elaboração de materiais didáticos para o ensino de Libras como segunda língua. Atualmente, é Professora Adjunta na área de Libras da FALE-UFMG, onde é membro pesquisador do Laboratório de Psicolinguística e do Núcleo de Estudos em Libras, Surdez e Bilinguismo (NELiS).

Maria Cristina da Cunha Pereira

Possui Mestrado em Linguística Aplicada ao Ensino de Línguas pela Pontifícia Universidade Católica de São Paulo (PUC-SP), em 1977, e Doutorado em Linguística pela Universidade Estadual de Campinas (1990). Atualmente, é Professora Titular da Pontifícia Universidade Católica de São Paulo e linguista da Divisão de Educação e Reabilitação dos Distúrbios da Comunicação, da PUC-SP. Faz parte, desde 1986, do

Conselho Editorial da revista *Distúrbios da Comunicação*, publicada pela PUC-SP; desde 2004, é parecerista *ad hoc* da Fundação de Amparo à Pesquisa do Estado de São Paulo (FAPESP). É líder do Grupo de Pesquisa Linguagem e Surdez, cadastrado no Conselho Nacional de Desenvolvimento Científico e Tecnológico (CNPq), em 2002.

Milton Rosa

Possui licenciatura em Ciências e Matemática, pela Faculdade de Ciências e Letras Plínio Augusto Amaral (FCLPAA), em 1983. Licenciatura em Pedagogia pela FCLPAA (1994), em Amparo (SP). Especialização em Educação Matemática – Etnomatemática/Modelagem, pela Pontifícia Universidade Católica de Campinas (1999). Mestrado em Educação Matemática, Currículo e Instrução, pela California State University - Sacramento, nos Estados Unidos da América, em 2000. Doutorado em Educação, Liderança Educacional Educação Básica, também na CSUS (2010). Diplomas revalidados pela Universidade de São Paulo (USP), assim como Pós-Doutorado em Educação – Etnomodelagem, também pela USP (2014/2015). Professor Associado I (desde fevereiro de 2019) na Universidade Federal de Ouro Preto (UFOP), atuando como professor e pesquisador desde 2011. Foi coordenador do Grupo de Estudo em Etnomatemática, ICME-13, na Alemanha (2016), e diretor do tema "Aspectos Socioculturais da Matemática", no XV CIAEM, realizado no México (2019).

Renato Caixeta da Silva

Renato Caixeta da Silva é Professor Titular do Centro Federal de Educação Tecnológica de Minas Gerais (CEFET-MG), onde atua desde 1997 como professor de Inglês e de outras disciplinas relacionadas aos Estudos de Linguagens. Possui graduação em Letras pela Universidade Federal de Minas Gerais (1992), Mestrado em Estudos Linguísticos pela Universidade Federal de Minas Gerais (1998) e Doutorado em Letras (Estudos da Linguagem) pela Pontifícia Universidade Católica do Rio de Janeiro (2012). É membro do corpo docente do Curso de Letras (Bacharelado em Tecnologias da Edição) e do Programa de Pós-Graduação em Estudos de Linguagens (POSLING) do CEFET-MG. Tem experiência na área de Discurso e Linguística Aplicada, com ênfase em Ensino e Aprendizagem de Línguas Estrangeiras, atuando principalmente nos seguintes temas: Ensino e Aprendizagem de Língua Estrangeira, Livro Didático, Materiais e Recursos Pedagógicos, Discurso Pedagógico, Educação Profissional, Linguística Sistêmico-funcional, Leitura de Imagens e Multimodalidade.

Renato Messias Ferreira Calixto

Mestre em Estudos de Linguagens, docente efetivo do Instituto Federal de Educação, Ciência e Tecnologia de Santa Catarina (IFSC), Campus Palhoça Bilíngue. Professor de Linguagens, Língua Portuguesa e Literaturas nas modalidades PL1 para ouvintes e PL2 para surdos, bem como tradutor e intérprete de Língua de Sinais Brasileira. Dedica estudos acerca das temáticas: Políticas linguísticas, Ensino de Língua Portuguesa como Segunda Língua para Surdos, Ethos e Análise do Discurso.

Rodrigo Carlos Pinheiro

Doutorando em Educação: Conhecimento e Inclusão Social, na linha de pesquisa em Educação Matemática, pela Universidade Federal de Minas Gerais (UFMG), Mestre em Educação Matemática pela Universidade Federal de Ouro Preto (UFOP), em 2017, especialista em Ensino de Matemática pela Pontifícia Universidade Católica de Minas Gerais (2015), especialista em Libras e Educação para Surdos pela Universidade Norte do Paraná (Unopar), 2019, e graduado em Matemática pelo Centro Universitário de Belo Horizonte (UniBH), em 2011. Desde 2009, atua na área da Educação, ministrando aulas de Matemática, Raciocínio Lógico, Educação Financeira e Libras em instituições de ensino básico, profissional, técnico e superior. Possui experiência com formação em Educação Financeira para alunos surdos e ouvintes, em capacitação de professores que atuam com estudantes surdos e, também, na elaboração de materiais didático-pedagógicos de Matemática para esse público específico. Atualmente, é professor de Matemática no Centro de Capacitação dos Profissionais da Educação e Atendimento às Pessoas com Surdez (CAS-BH) e na Fundação Pedro Leopoldo (FPL Educacional). Realiza pesquisas na área da Educação Matemática, relacionadas à Etnomatemática, ao Numeramento, à Cultura Surda, à Educação Financeira e à Língua Brasileira de Sinais (Libras).

Sônia Marta de Oliveira

Pedagoga graduada pela Pontifícia Universidade Católica de Minas Gerais (PUC Minas), especialista em Educação Infantil pelo Centro de Estudos e Pesquisas Educacionais de Minas Gerais/Newton de Paiva, com Mestrado e Doutorado em Educação pela PUC Minas. Atualmente, trabalha como professora e tradutora intérprete de Língua de Sinais na Rede Municipal de Belo Horizonte.

Terezinha Cristina da Costa Rocha

Professora da Faculdade de Educação da Universidade Federal de Minas Gerais (UFMG) no Departamento de Métodos e Técnicas de Ensino (DMTE). Doutoranda pelo Programa de Pós-Graduação em Educação da UFMG, na linha de pesquisa Educação e Linguagem. Mestre em Educação pela Pontifícia Universidade Católica de Minas Gerais (PUC Minas) e graduada em Filosofia pela mesma Instituição. É membro do Colegiado do Curso de Pedagogia da UFMG; membro do Centro de Alfabetização, Leitura e Escrita (Ceale-UFMG); e desenvolve trabalhos em parceria com o Núcleo de Acessibilidade e Inclusão (NAI-UFMG). Foi uma das criadoras da Formação Transversal em Acessibilidade e Inclusão da UFMG, na qual atua no Comitê Gestor e como docente. Os principais temas de interesse de pesquisa são: Língua Brasileira de Sinais (Libras); Educação Bilíngue para Surdos; Letramento, Multimodalidade e Cultura Escrita; Acessibilidade; e Políticas Linguísticas.

Este livro foi composto em Minion Pro Cond e impresso
em papel Offset 75 g/m^2 (miolo) e Cartão 250 g/m^2 (capa),
no mês de setembro de dois mil e dezenove.